EmmeEmmePo
Edizioni

DATO IN STAMPA NEL MESE DI DICEMBRE DELL'ANNO 2018
da EmmeEmmePo Edizioni

Presso:
lulu.com
Regno Unito - 3101 Hillsborough St.
Raleigh, NC 27606-5436, Stati Uniti – P. I. 975 0935 85
Francia – Chez Fiscal Solutions Sarl 23
Rue du Clos d'Orleans 94 120
Fontenay sous Bois – P. I. FR90524670213
Italia – Lulu Enterprises, Inc.
Fiscalmente rappresentata conformemente all'art.17 comma 3 DPR 633/72
da KPMG Fides Servizi di Amministrazione Spa, Via Vittor Pisani, 27 –
20124 Milano – P. I. IT07301070962

http://www.lulu.com/spotlight/EmmeEmmePo

EmmeEmmePo
Edizioni

EmmeEmmePo
Edizioni

Roberto Sbrana

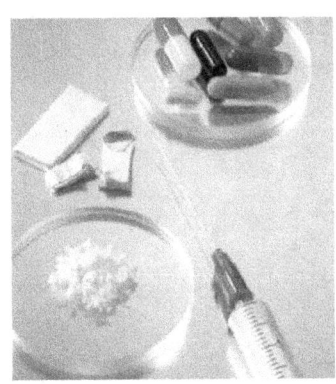

RICOMINCIAMO A PARLARE DI DROGHE

INDICE

Premessa

Come mai non si parla quasi più di droghe?

Non sono più un problema sociale? No. Non è così. Semplicemente, ci siamo abituati alla loro costante presenza. Abbiamo deciso che sono un Costo Sociale come un altro. Che so … come i suicidi.

O, forse, siamo diventati più aridi, cinici, distratti, ripiegati su noi stessi.

Entrambe le risposte, sinceramente, mi paiono agghiaccianti.

E allora proviamo a riparlarne, anche perché il fenomeno è in aumento e per nulla sotto controllo.

Quando, molti anni fa, lavoravo in un Sert, al mio fianco c'era un'infermiera di cui ricordo benissimo il nome, (che eviterò di scrivere) la quale un giorno di rara pausa caffè, mi avvicinò e mi disse: "Ma cosa ci vai a fare in galera a continuare a seguire i nostri pazienti arrestati? Perché non tiri un sospiro di sollievo, che per qualche tempo ne hai uno di meno di cui occuparti? Ma credi davvero che abbia un senso continuare ad occuparci di tossici? Fosse per me, li metterei tutti dentro un forno crematorio e farei dell'altro."

Le sorrisi e tirai avanti, anche perché avevo da fare dell'altro.

Poi, successe una cosa molto spiacevole: un nipote dell'infermiera, di 20 anni, fu arrestato per spaccio e fu portato in galera. Aveva iniziato a drogarsi di eroina. Una brutta situazione. Il carcere è un'esperienza devastante per chiunque, ma per un ragazzo di 20 anni, per giunta tossicodipendente, ancor di più.

L'infermiera zia bussò alla porta del mio studio e, ovviamente in lacrime, mi chiese di aiutare il nipote. Era letteralmente disperata. Evitai di farle notare l'idiozia che aveva detto sui forni crematori come soluzione al problema e cercai di rassicurarla che avrei fatto il possibile per essere d'aiuto a suo nipote. D'altronde, quando ci si sceglie una professione d'aiuto, se non si aiutano i pazienti cosa si fa?

Spero che il lettore non si sia stupito del primo atteggiamento dell'infermiera: nei Servizi Territoriali delle ASL non si va volontariamente, ma con un ordine di servizio: il

SERT è il luogo di lavoro meno ambito tra gli operatori sanitari e, tranne i rari casi volontari, la stragrande maggioranza era ed è tuttora comandata. Ed è molto faticoso lavorare in un luogo sgradito così problematico. Così, alcuni operatori, come l'infermiera descritta, si difendono come possono dal Burnout ("Esaurimento Nervoso" da Lavoro), magari elaborando pensieri sadici, aggressivi e fuori luogo, per difendersi. Tutto qua.

Un po' di cronistoria

Come fenomeno sociale nel nostro Paese ebbe inizio alla fine degli anni sessanta, primi anni settanta. Non che precedentemente non ci fosse nessuno che usava droghe, specie cocaina, ma erano casi isolati e circoscritti a ceti sociali elitari, benestanti, talora intellettualoidi: le usavano, ma non se ne facevano per nulla travolgere, sapendole ben gestire e potendoselo anche permettere dal punto di vista economico. In buona sostanza, non facevano reati per procurasela, ma se la compravano tranquillamente con i loro quattrini.

La musica cambiò quando cambiò la cultura ed iniziarono a farsi strada slogans del tipo "Un figlio dei fiori non pensa al domani", che poi voleva dire: "Faccio quel che mi pare, non penso alle conseguenze dei miei comportamenti, lasciatemi in pace".

L'individualismo iniziò a prendere il posto del pensiero collettivo. Un cambiamento culturale di enorme dimensione, ancora purtroppo molto in auge.

Furono, quelli, anni importantissimi, perché videro la nascita di cambiamenti sociali epocali. Per dare un'idea di cosa siano stati gli anni '70, anche dal punto di vista legislativo, basterà ricordare la Legge sul Divorzio (n° 898/70), la Legge n° 151/75 Riforma del Diritto di Famiglia, la Legge sull'Ordinamento Penitenziario (n° 354/75), la Legge sulle Droghe (n° 685/75), la Legge sull'Interruzione della Gravidanza (n° 194/78), la Legge sull'abolizione dei Manicomi (n° 180/78), la Legge di Riforma Sanitaria (n° 833/78), ed altre di minor impatto sociale.

Quale altro periodo storico nel nostro Paese è paragonabile, dal punto di vista delle Riforme, a questo degli anni settanta? Nessuno. E stiamo parlando di quasi 50 anni fa.

Da un lato, quindi, una grande spinta dal basso della gente, perché il mondo della politica fosse costretto a prendere atto delle istanze di cambiamento che arrivavano in Parlamento. Dall'altro lato e parallelamente, una nicchia crescente di autodeterminazione dei propri comportamenti, libertà d'uso di droghe compresa.

Di solito le Leggi seguono i problemi e non viceversa: sarebbe bello fosse il contrario, perché vorrebbe dire fare "prevenzione primaria", ma così non è e non è mai stato. E se fu nel 1975 che fu promulgata la Legge sulle Droghe, significa che il problema era esploso ed andava in qualche modo seguito, organizzato e gestito.

Nacquero i Servizi per le Tossicodipendenze, di tipo ambulatoriale e nacquero parallelamente le Comunità Terapeutiche, di tipo residenziale. I primi pubblici, le seconde prevalentemente private accreditate, molte delle quali gestite da Sacerdoti.

Un discreto spiegamento di forze, accompagnato da iniziative d'incontro con la gente, per aiutare le persone ad entrare dentro ad un problema per niente semplice e di facile gestione: non passava settimana che non ci fosse qualche assemblea sul tema; i comitati di quartiere si davano parecchio da fare, il libero associazionismo pure: dibattiti, incontri di ogni tipo, tavole rotonde con i diversi punti di vista. Ed anche la Stampa, nazionale e locale, faceva la sua parte, non solo descrivendo fatti di cronaca, ma anche coinvolgendo intellettuali in approfondimenti, talora contrastanti tra loro, ma decisamente tutti quanti utili per far riflettere.

Ora, da molto tempo è calato il silenzio.

Un silenzio che va assolutamente interrotto perché ci stiamo giocando un'intera generazione, non tanto sul piano della vita/morte (il tasso di mortalità era decisamente più alto all'inizio di oggi), quanto dal punto di vista delle energie mentali sprecate e dell'appiattimento del Pensiero. E tutte le Società hanno bisogno di menti pensanti ed attive, per crescere.

Poniamoci ora una domanda: le droghe usate oggi sono le stesse di ieri? Assolutamente no. E ciò sia per motivi culturali, di produzione, di mercato, legislativi ed altro.

Della cocaina "elitaria" abbiamo già accennato prima. C'era, c'è ancora (anche se ora da elitaria è diventata di massa) e probabilmente continuerà ad esserci perché non può esistere un mondo senza droghe: nei graffiti rupestri della Val Camonica ci sono segni d'uso di sostanze stupefacenti che hanno migliaia di anni. Ma non ci sembra sia un buon motivo, questo, per smettere di affrontare la questione. Equivarrebbe a togliere i limiti di velocità in auto perché le vittime della strada continuano. Non crediamo venga in mente a nessuno di farlo.

All'esordio del problema sociale, negli anni '70, esistevano due categorie distinte: le cosiddette "droghe pesanti" e le cosiddette "droghe leggere". La differenza tra le due era data dalla dipendenza fisica che instauravano le prime, che, sommata ai rischi di overdose, morte inclusa, si sono conquistate l'aggettivo descrittivo di "pesanti": ne facevano parte tutti i derivati dall'oppio e cioè l'oppio stesso, prodotto naturale estratto da un certo tipo di papavero, la morfina, usata inizialmente quale farmaco e, in quanto tale, semi sintetico, e l'eroina, derivata dall'oppio, ma totalmente sintetica, prodotta cioè in laboratori chimici.

Delle cosiddette "droghe leggere" facevano parte i cannabinoidi, marijuana ed hashish, rispettivamente foglie seccate e triturate di una pianta di nome cannabis, quindi totalmente prodotta dalla natura e resina della pianta stessa, per quanto riguarda l'hashish. Niente dipendenza fisica, niente rischi di overdose, "soltanto", si fa per dire, una dipendenza psichica da non sottovalutare assolutamente.

In più, è da tempo assodato che equiparare i due derivati dalla cannabis tra loro è del tutto sbagliato, in quanto, scientificamente, non sono per niente la stessa cosa e non è neppure vero che non possono produrre danni fisici, interruzioni di sinapsi comprese, che non ci sembra sia il caso di minimizzare.

Tra questi due gruppi, pesanti e leggere, dove collocare la cocaina, di fatto, non è mai stato deciso e forse mai lo sarà. La sostanza in questione si colloca un po' di qua ed un po' di là, come la diagnosi di borderline si colloca tra le psicosi e le nevrosi.

La Legge 685 del 1975 seguiva tale distinzione e tendeva ad avere atteggiamento diverso, dal punto di vista penale, tra chi spacciava droghe senza usarle, tra chi spacciava usandole ed infine tra chi usava e non spacciava. Tra questi ultimi, naturalmente, molti facevano reati (connessi) e potevano incorrere in condanne penali.

Chi usava e non spacciava, veniva curato. Gli spacciatori puri venivano ovviamente incarcerati, chi spacciava ed era anche tossicodipendente, veniva dapprima incarcerato e possibilmente ammesso ad un regime alternativo alla detenzione, dove, se aveva un buon comportamento, scontava la sua condanna, curandosi.

Un buon approccio, secondo noi, all'insegna delle cure per chi, drogandosi, ci comunicava di esser malato.

Nel 1990 veniva promulgato il Testo Unico n° 309, allo scopo di raccogliere le successive modificazioni alla Legge del 1975. In esso, erano riportate delle tabelle, distinte per tipo di sostanze, in modo da distinguere sempre più precisamente le necessità di cure dei consumatori.

In un mondo in continua evoluzione (o involuzione, scelga il lettore), 15 anni sono un'eternità, in quanto i fenomeni cambiano velocemente ed è necessario tenere aggiornate le modalità d'intervento. E dal 1975 al 1990 son passati proprio 15 anni.

Venne, tra l'altro, data vita ai SERT delle ASL, allo scopo d'intervenire esclusivamente su tale target di pazienti e si cercò di fare il possibile. L'opinione pubblica era ancora vivace ed il confronto tra operatori pubblici, operatore del privato sociale, cioè delle Comunità Terapeutiche, e cittadini era decisamente serrato, tanto da riuscire ad incidere su alcuni elementi dei trattamenti.

Gli operatori dei Sert non si sentivano mai soli, ma avevano la sensazione di far parte di una Squadra di persone attente, vigili, propositive. Così propositive che, in alcune circostanze, arrivavano a mettere in campo energie che quasi disturbavano, per così dire, la tranquillità degli operatori stessi, pressati da richieste e da confronti talora aspri e difficili: metadone si, metadone no? Politiche della Riduzione del Danno o concentrazione sui risultati terapeutici? Comunità si, Comunità no?

Sicuramente momenti difficili, ma molto meglio della solitudine e del silenzio di oggi.

È decisamente strano riflettere a distanza di tempo sulle cose e vivere ora come valori ed opportunità di crescita culturale e scientifica, momenti che allora venivano spesso percepiti come fastidiosi e di cui si avrebbe fatto onestamente volentieri a meno.

In quel periodo iniziarono a farsi strada nuove droghe, totalmente sintetiche, la cui più famosa è sicuramente l'ecstasy, una metamfetamina il cui principio attivo è l'MDMA, soprannominata (a torto, purtroppo) la droga delle discoteche. La strada che fu scelta, a tavolino, dai produttori di sostanze stupefacenti, fu quella del cocktail di molecole stupefacenti, praticamente infinito e rinnovabile ogni giorno, in modo da rendere difficile alle forze dell'ordine distinguerle e poterle perseguire come droghe.

Una lotta iniziata nel 2000 e tuttora in atto.

Perché una droga sia considerata tale è necessario, infatti, che entri in un elenco di sostanze stupefacenti ufficialmente riconosciute dall'Istituto Superiore di Sanità. Ma se cambio pur di una sola molecola la droga che decido di produrre, passerà del tempo prima che sia giuridicamente possibile considerarla come tale. E quel tempo sarà zona franca per i pusher.

Si arriva così alla Legge n°49 del 2006, meglio nota come Legge Fini Giovanardi. Con essa venivano abolite le precedenti tabelle e, sulla base di un concetto che di scientifico non ha assolutamente niente, ma di ideologico si, e molto, tutte le droghe furono considerate uguali ed in egual modo perseguite. Esse e chi le consumava.

Erano gli anni del Centro Destra al potere e questa legge, oltretutto, arrivò persino ad introdurre un principio giuridico del tutto nuovo e parecchio mostruoso: la detenzione ai fini di spaccio.

Su quest'ultima novità dobbiamo necessariamente fermarci un po' a riflettere perché attualmente circa la metà dei detenuti nel nostro Paese, oggi, è tossicodipendente. Ed il carcere è il peggior posto dove mettere chi fa uso di droghe.

Cosa significa "detenzione ai fini di spaccio"?

Significa che quando ti trovo in possesso di qualunque sostanza stupefacente, te la peso e se è più di un certo quantitativo (praticamente ciò che serve per due giorni), mando gli atti alla Procura della Repubblica che ti processa, ti condanna e ti mette in galera. Perché già il solo possesso significa che hai intenzione di spacciar droga, anche se non l'hai spacciata. In buona sostanza, è una presunzione di spaccio, anche se solo la detenevi senza spacciarla. Per capirci, è l'unico reato che non necessita dell'atto.

Pensate per un attimo se tutte le persone che detengono un'arma fossero processate, condannate e messe in galera per omicidio, senza che abbiano ucciso; sulla base del principio che se detengono un'arma è per usarla contro qualcuno. Non lo trovereste assurdo? E infatti, lo è.

La detenzione ai fini di spaccio erano l'unica situazione penalmente rilevante che non necessitava dell'atto.

Fortunatamente, ci mise una pezza la Corte Costituzionale, che dichiarò incostituzionali la Legge Fini Giovanardi, che venne, quindi abrogata. Ma per otto lunghi anni fece più danni della grandine.

Sarà capitato a tutti voi di andare al supermercato a comprare l'acqua minerale. Avete due possibilità: o vi recate tutti i giorni e comprate la bottiglia che vi serve quel giorno lì, oppure fate la scorta e comprate due confezioni da sei bottiglie l'una, da bervi tranquillamente per dodici giorni, senza dover tornare al supermercato. Personalmente, prendo due confezioni da sei, così risparmio tempo.

Va da sé che se faccio scorta di droga devo essere in grado di dimostrare che ho denaro lecito per acquistarla. Ci mancherebbe altro. Ma per essere incarcerato, non sarebbe necessario dimostrare con i fatti che non di scorta si trattava, ma di spaccio vero e proprio, mentre sto facendo l'atto di spacciarla?

Qui non fu così. Per otto lunghi anni!

Se ce l'avevi significava obbligatoriamente che il tuo fine era lo spaccio, anche se non spacciavi. È per questo che era un mostro giuridico.

E già che ci siamo, teniamo presente anche un altro importante fattore per capire come mai faccio la scorta, se posso economicamente permettermelo: perché anche l'acquisto di droga è un illecito. Di qualunque droga. Ed allora, se posso rischiare una volta sola ogni 12 giorni, perché mai dovrei rischiare 12 volte, cioè tutti i giorni?

Così è, purtroppo. Ed il risultato è sotto gli occhi di tutti (per lo meno delle persone attente, che s'interessano): carceri piene zeppe di tossicodipendenti, alcuni dei quali giovanissimi, a contatto con delinquenti abituali, spacciatori veri non consumatori, assassini. Sovraffollamento, condizioni di detenzione inumane e degradanti, che non rispettano l'art. 27 della Costituzione Italiana.

Un Legge dello Stato abrogata, ma che ha incarcerato migliaia di giovani, molti dei quali ancora detenuti.

Che tipo di cure riceve un tossicodipendente in carcere ve lo potete immaginare: tutte le cure possibili in un luogo che non c'entra nulla con chi usa droghe e che è solo dannoso. E non è necessario che sia la CEDU (Corte Europea dei Diritti dell'Uomo) a ricordarcelo. Riusciamo a capirlo anche da soli.

Un'altra grave criticità della Legge Fini Giovanardi (che, si ricorda, non è più in vigore perché è stata giudicata incostituzionale dalla Suprema Corte, ma i suoi disastrosi effetti continuano) è rappresentata dall'abolizione delle differenze tra droghe: tutte uguali, sulla base del principio che di scientifico non ha nulla che "si inizia dalle canne e poi si passa al buco". Se questo fosse vero, in Italia avremo milioni di eroinomani, dato che circa il 45% dei nostri giovani adolescenti si fan le canne. Fortunatamente così non è. Ma le nostre galere sono piene di adolescenti che si facevano le canne.

Qualche dato statistico

L'Istat ci dice che in Italia le persone con un'età compresa dai 15 ai 40 anni sono attualmente 16.791.000, cioè circa il 28% della popolazione residente.

Abbiamo preso questa fascia d'età per pura comodità di riflessione, nonostante, purtroppo, sia una fascia "in difetto", perché non sono pochi i ragazzini che iniziano ad usare droghe anche a 12 o 13 anni, e non siano pochi gli ultraquarantenni ancora in "pista".

Tra uso di droghe ed abuso di alcool, non è esagerato parlare di circa 4 milioni di persone interessate, secondo i dati della Relazione Annuale al Parlamento.

Un grande esercito.

Detta Relazione è stata presentata il 1° agosto, in una delle giornate più calde ed assonnate dell'anno, mentre eravamo quasi tutti in ferie, al mare, in campagna o in montagna. Una data che sembra fatta apposta per garantire che il Parlamento a cui sarebbe indirizzata non se ne occupi.

"… A pensare male si fa peccato, ma spesso ci si indovina …" (Giulio Andreotti)

Centoquarantatre pagine di Relazione in cui, tra le altre cose, si calcola che il mercato degli stupefacenti in Italia sia quantificabile in 14 miliardi di euro, praticamente il valore di una 'manovrina', ripartiti fra cocaina 43%, cannabis 28%, eroina 16,2%, sostanze sintetiche 12,7%…"

Non sembra essere un fenomeno di poco conto.

Nell'ultimo anno, si legge nella Relazione al Parlamento, il 25,9% della popolazione studentesca pari a 640.000 ragazzi ha consumato almeno una sostanza illegale: nel 25,8% dei casi si è trattato di cannabis, nell'11% di SPICE, la cannabis sintetica.

Poi troviamo un 3,5% di nuove sostanze psicoattive, un 2,5% di cocaina e l'1,1% di eroina e altri oppiacei. Il 10,3% di tutta la popolazione ovvero 4 milioni di persone ha consumato una sostanza illegale nel 2017; anche in questo caso la cannabis prevale. La relazione dettaglia anche le operazioni antidroga e ci dice che i ricoveri ospedalieri per droga come fattore principale sono stati 6.083, e gli utenti in trattamento per consumo di eroina o cocaina o cannabis sono 143.271.

Ma nessuno o quasi ne parla.

La cannabis resta di gran lunga la sostanza più usata, assunta da un quarto degli studenti di scuola superiore; circa 90mila studenti "riferiscono di un pressoché quotidiano". Il prodotto che si trova sul mercato clandestino naturalmente è molto variabile per principio attivo. A seguire, la Relazione consiglia di monitorare la SPICE, cannabinoide sintetica, e allerta sull'evoluzione delle NPS o "nuove sostanze psicoattive": sostanze sintetiche sul cui consumo, si avverte, sono disponibili dati molto limitati, ma che sembrano in crescita soprattutto fra i minori.

E le ragazze? – Secondo la relazione, l'uso sperimentale di NPS sembra "coinvolgere circa un terzo dei minorenni frequentanti le scuole superiori". Inoltre allerta sul fatto che cresce il consumo di NPS fra le ragazze. In genere le donne sono più coscienti del rischio di assunzione di sostanze stupefacenti; però è aumentata sia la percentuale di studentesse che hanno sperimentato droghe illegali (30%), sia quella delle ragazze che hanno consumato NPS (3%).

Aumenta anche la quantità di ragazze che ha una assunzione 'ad alto rischio', cioè quotidiana o caratterizzata da più sostanze. La Relazione consiglia come strumento dissuasivo "la prevenzione soprattutto in ambito scolastico".

Ovvio però chiedersi come, se anche il Parlamento a cui sarebbe rivolta viene sostanzialmente assolto dal fastidio di occuparsi della questione.

La Conferenza Triennale: manca all'appello. Non viene proprio fatta.

Il Testo Unico sulle droghe 309/90 (Legge attualmente in vigore) prevede che "ogni tre anni, il Presidente del Consiglio dei Ministri convochi una conferenza nazionale sui problemi connessi alla diffusione delle sostanze stupefacenti e psicotrope", con il coinvolgimento di soggetti pubblici e privati. Le conclusioni della Conferenza triennale dovrebbero poi essere trasmesse al Parlamento "anche al fine di individuare eventuali correzioni alla legislazione antidroga". Benissimo. Peccato però che l'ultima conferenza risalga a nove anni fa, a Trieste nel marzo del 2009. Dopo, il silenzio.

Qualunque cosa si pensi in merito alle strategie sugli stupefacenti, e in merito alla liberalizzazione richiesta da associazioni come "Legalizziamo", il silenzio della politica sul mercato delle droghe e le sue conseguenze è sconcertante. Senza contare che naturalmente la Relazione non prende in conto i danni delle sostanze legali, come l'alcol.

E' necessario un mutamento delle politiche governative e una diversa attenzione al fenomeno.

Si può morire a sedici anni per una dose di droga chimica procurata da un coetaneo. Potrebbe essere successo, tanto per dirne una, a Genova alla giovanissima Adele, lo scorso anno; non in discoteca, ma in una serata fra amici.

Cosa succede, e a cosa bisogna stare attenti? Cosa possono fare i genitori, gli insegnanti?

Continuiamo a concentrarci sul singolo episodio, che naturalmente fa cronaca, ma non vogliamo vedere il tutto, e questo è il vero pericolo. Vediamo il singolo caso eclatante, ma non vediamo per esempio che ogni anno un grande Pronto Soccorso di Milano riceve un migliaio di casi di persone che arrivano in emergenza. Sette Pronto Soccorso, significa migliaia di casi l'anno in una sola città, e parliamo di persone di tutte le età, anche giovani, anche minorenni. Però non ne parla nessuno mentre si parla del singolo caso che arriva in prima pagina. E non si tratta solo di droghe illegali.

Una delle sostanze più coinvolte in queste situazioni che portano anche alla morte, è l'alcool.

Captati dal fascino esoterico delle nuove droghe ci dimentichiamo che la droga più pericolosa e più diffusa l'abbiamo in casa (se è bianco, in frigorifero. Il rosso può essere servito a temperatura ambiente) e che situazioni insidiose capitano anche a chi non soffre di una dipendenza patologica.

Inoltre difficilmente chi tende ad abusare di una sostanza, legale o illegale, abusa solo di quella e questo aggrava anche molte situazioni di semplice consumo.

Di alcune droghe, legali o illegali si può diventare dipendenti: non si riesce a farne a meno. Ma esistono dipendenze patologiche che possono riguardare anche comportamenti: il gioco patologico, ad esempio, ma anche il sesso, il nostro rapporto con la Rete, gli acquisti, l'attività sportiva ecc.

Quindi, in tema di dipendenze, attenzione a non dare la colpa solo al puro effetto delle sostanze. Questo alimenta l'idea che in fondo qualunque cosa assumiamo per alterarci, basta prenderla con responsabilità per tenere tutto sotto controllo (come recitano gli slogan commerciali: "bevi responsabilmente", o "gioca responsabilmente").

È vero solo in piccola parte.

L'effetto di una sostanza dipende dalle sue proprietà intrinseche, dalle condizioni d'uso, ma anche dalla reazione del nostro fisico, che può cambiare nel tempo, e non è prevedibile, dal significato che le attribuiamo, dal gruppo sociale di cui facciamo parte, dalla nostra cultura e non, semplicemente, dalla nostra scelta consapevole e dal senso di 'responsabilità' nell'assumerla.

Il panorama è vastissimo e in continua mutazione.

Alcune sostanze di origine naturale sono diffuse in determinati gruppi etnici, altre in gruppi settari che in quella sostanza si riconoscono. Molte non sono per nulla nuove: hanno una storia in civiltà o religioni che le hanno usate in un passato remoto, ma in modo completamente diverso dall'attuale.

Ci sono funghi "magici" che agiscono a livello dei recettori della serotonina. Provocano alterazione, a volte allucinazioni, ma anche tachicardia e nausea. C'è l'ayahuasca delle foreste amazzoniche, oggi rivisitata anche da gruppi locali. O il kratom, derivato da una pianta che ha azione simile a quella di altri stupefacenti che viene riscoperta anche per possibili proprietà terapeutiche, tutte da dimostrare.

Lo stramonio, detto l'erba del diavolo. Il chat o qat che arriva dal Corno d'Africa che, se perde freschezza, perde anche il potere stimolante.

L'elenco potrebbe continuare. L'orizzonte si ampia ancora di più con le droghe sintetiche.

Anche se tendono a mimare gli effetti sedativi, stimolanti, empatogeni o allucinogeni di altre sostanze naturali, sono in realtà nuovi prodotti di cui non sempre conosciamo a pieno l'azione a breve ed a lungo termine.

Hanno nomi complessi ma, soprattutto, chi le compra nemmeno è sicuro del loro reale contenuto. Tra le altre ci sono gli oppioidi di sintesi: impiegati utilmente per la terapia del dolore vengono anche preparati clandestinamente e usati per alterarsi come con l'eroina; negli Stati Uniti stanno provocando una vera strage.

Le possibilità di overdose sono alte ed aumentano con alcune preparazioni clandestine, ancora più potenti e pericolose dei normali farmaci che lentamente stanno diffondendosi anche in Europa.

Ci sono sostanze note da tempo, come l'LSD, l'acido lisergico e i farmaci anestetici come la ketamina (un anestetico usato dai veterinari per addormentare i cavalli), che ha effetti dissociativi, ma anche sostanze nuove come i cannabinoidi sintetici che dieci anni fa non erano conosciuti, ed hanno effetti molto più forti della cannabis, in alcuni casi mortali; Spice o K2, somigliano all'erba e a volte vengono mescolati con la cannabis normale per avere un effetto più "importante".

Ci sono i Catinoni, le Piperazine … ecc. ecc.

Sono solo esempi in un panorama vastissimo.

Da un certo punto di vista tutte le droghe sono pericolose, anche se ci sono sostanze meno maneggevoli di altre.

Ma tutto è relativo: anche per una sostanza ampiamente conosciuta e diffusa come l'alcol non sono rari utilizzi tali da creare squilibri psicofisici che possono degenerare in coma etilico o anche "più semplicemente" mandarti a sbattere in macchina.

Per le droghe illegali è la stessa cosa. Ogni sostanza in grado di produrre un effetto alterante e piacevole lo genera attraverso uno squilibrio psicofisico importante, anche se non sempre evidente.

Stimolanti o sedativi, droghe o farmaci, l'alterazione è il prodotto di sregolazioni dei meccanismi neuronali. Magari l'effetto appare lieve, lo percepiamo come piacevole, ma l'organismo cerca di trovare un equilibrio il prima possibile, e non è detto che ci riesca. Nella migliore dell'ipotesi incominciamo ad avere qualche problema di concentrazione, di memoria, di sonno, di umore e nella sessualità. Quasi fossimo invecchiati precocemente.

Da qui una perdita di controllo può non essere lontana.

Molte di queste sostanze sono stimolanti e mandano parti dell'organismo "fuori giri": aumento della temperatura corporea, aumento della pressione, aritmia cardiaca, ... Si aspetta un certo effetto che non arriva, si prende un'altra dose e poi si finisce al pronto soccorso dove magari nemmeno si può capire quale sostanze, tra le tante, abbia realmente creato il problema.

In ogni fase della vita si può essere vulnerabili; vale anche per gli anziani che, magari soli e perso il ruolo sociale dato dal lavoro, possono rifugiarsi nel gioco patologico, nell'abuso di farmaci o dell'alcol.

Ma certamente i giovani hanno vulnerabilità specifiche.

Il loro stesso cervello è strutturato per esplorare e cercare emozioni. È proprio attraverso esperienze ed emozioni che il giovane si forma, ma questa propensione è sfruttata commercialmente per vendere prodotti. Purtroppo anche sostanze d'abuso lecite ed illecite.

Le giovani donne sono un target importante perché trascinano anche i coetanei uomini nel consumo: ci sono prodotti alcolici che sembrano fatti apposta.

Lo sfruttamento dei minori come generatori di consumi è molto forte, e i prodotti che arrivano sono tanti, dalla maglietta, al telefonino, alla droga, all'alcool.

Ma non c'è solo lo sfruttamento. Le persone giovani vivono in mondi un po' paralleli rispetto alle generazioni precedenti, hanno diversi modi di comunicare. Dagli adulti però assorbono una serie di informazioni, anche loro malgrado. Il genitore che fuma in casa, o si concede il whisky per rilassarsi, o il prosecco e poi il liquore a fine pasto, non può non pensare che il figlio si senta legittimato a fare la stessa cosa, magari con altre sostanze.

Un minorenne che procura droga a un altro minorenne è un segnale di grave fallimento sociale.

Ragazzini di 14 anni che hanno bisogno di alterarsi per stare coi loro amici, altri ragazzini indotti da intermediari a vendere ad altri minorenni.

Forse dovremmo smettere di gridare all'emergenza per ogni nuova droga, perché ne avremo sempre di nuove, ma cercare di comprendere, a livello sociale ma anche a livello individuale, perché sempre più persone, per fare cose assolutamente normali come lavorare, divertirsi, fare sesso, debbano trasformarsi artificialmente in ciò che non sono.

È un segnale grave di una costruzione sociale che non riesce a dare sufficiente valore a ciò che si è, anche in una proiezione futura.

Stranamente sia i giovani che gli anziani immaginano un futuro incerto e, probabilmente, peggiore del presente.

È in questa incertezza che diventa importante il "qui e ora", anche in senso negativo, dando spazio, anche culturale, a ciò che può alterare rispetto alla realtà che non è accettata o appare troppo limitante.

L'incapacità progettuale che, fatte salve le emergenze portate dalle cronache, porta a sottovalutare il problema, diventa sospetta o addirittura colpevole perché, lasciando spazio a certi tipi di mercato, finisce per creare patologia e sofferenza diffusa con costi sociali ed individuali altissimi.

Tuttavia, anche se dovremmo aspettarci e volere di più dal livello istituzionale e politico, non tutto è delegabile.

Le questioni di cui parliamo esistono qui ed ora e ci riguardano direttamente: non farcene carico in prima persona, vedendole con disinteresse o distacco, rischia solo di peggiorare le cose.

Soprattutto per quanto riguarda i più giovani, dobbiamo considerare che non sono loro ad aver costruito il mondo in cui stanno vivendo. Non possiamo chiedere loro di assumersi quel senso di responsabilità che noi adulti sembriamo non possedere nei loro confronti.

Le cosiddette Nuove Droghe

La prima considerazione da fare è che le nuove droghe non hanno assolutamente soppiantato le vecchie, ma a queste si sono aggiunte.

Potremmo dire che la scelta si è ampliata, con una differenza, secondo noi, tra queste e quelle assai importante: chi usa le nuove non si ritiene per nulla un drogato. Ed il silenzio sul tema lo aiuta in questa opinione del tutto sbagliata.

Sono droghe a tutti gli effetti, ma la minor induzione di dipendenza fisica permette ai consumatori di farne un uso saltuario, magari concentrato nei fine settimana.

Diciamo che permettono di non considerarsi un drogato 5 giorni su 7. C'è chi studia, chi lavora (anche il Direttore di Banca), chi fa il genitore di figli più o meno piccoli, chi vive come nulla fosse.

Poi, il Sabato e la Domenica, arrivano le pasticche d'ogni genere, ci si stravolge ed il lunedì si torna più o meno a studiare, a lavorare, a fare il genitore, come nulla fosse stato.

La stragrande maggioranza dei consumatori di pasticche non ritiene neppure che di droga si tratti, ma solo d'innocue pasticchette, e tirano avanti sereni.

Potrebbe essere interessante domandarsi perché le usano. E perché, poi, proprio nei fine settimana.

Proviamo a darci la nostra risposta. Non esaustiva sicuramente, ma, secondo noi, un buon punto di partenza: i 5 giorni che precedono i weekend, solitamente, sono giorni d'impegno e, tendenzialmente, di fatica. Nei fine settimana ci si riposa e s'incontrano nuove persone. È il momento che gli studiosi chiamano "della socializzazione": si esce dal guscio e si va verso gli altri; nuovi amici e amiche, e, per chi cerca l'amore, possibili fidanzate o fidanzati. Ma nel ventunesimo secolo non è così facile creare nuovi rapporti. Ad onor del vero, proprio facilissimo non lo è mai stato, qualche difficoltà s'incontrava anche in passato, senza dubbi. Ma oggi il gioco si è fatto decisamente arduo. Dal mondo collettivo unito, siamo passati al mondo individuale e separato. Ognuno è portato a vivere per conto proprio, come se fosse l'unico abitante di un'isola deserta, abitata solo da se stesso. E l'altro o l'altra può farci paura. "Mi sceglierà?" "Gli (o Le) andrò bene, oppure non si accorgerà neppure che esisto?" "E dove troverò il coraggio per farmi avanti, per collegarmi con l'altro/a?" "E come farò a gestire l'eventuale rifiuto?"

Le Nuove Droghe, per le loro caratteristiche biochimiche, vanno incontro alle difficoltà sopradescritte e, per questo, vengono chiamate "Disinibenti". La difficoltà di relazione con le altre persone si riduce, la paura di essere rifiutati svanisce come neve al sole, la chiusura verso gli altri si trasforma magicamente in apertura. Per questo motivo l'uso che viene fatto è prevalentemente nei fine settimana, momento in cui ci si dirige verso l'altro. Uno dei pochi luoghi, purtroppo, dove ci si può incontrare ai giorni nostri sono le Discoteche, con la musica a tutto volume e la difficoltà persino a parlarsi. Per questo motive le pasticche vengono chiamate Droghe da Discoteche. Ma se gli unici spazi d'incontro per i nostri giovani sono solo le discoteche, la responsabilità non è certamente loro, quanto di una politica miope, distante dai bisogni delle persone, appiattita su temi di altra natura e totalmente incapace di porre l'attenzione sulla "Questione Giovanile": una politica che da tempo si disinteressa dei giovani, non elabora né analisi dei fenomeni, né tanto meno strategie d'intervento.

Del resto bastava ascoltare la canzone dell'estate scorsa, per capire che qualcosa stava cambiando. «Andiamo a comandare. Sboccio acqua minerale», cantava Rovazzi. Acqua? Sì, acqua. In discoteca. A farla da padrona è l'acqua. Ibiza, al solito, detta la linea (dove arriva a costare anche 27 euro al litro, mentre nei locali di grido italiani qualche euro di meno). Dal Pacha all'Ushuaia, passando per l'Amnesia e lo Space, l'isola delle Baleari ha registrato il tutto esaurito anche quest'anno. Dalle aperture di fine maggio, alle chiusure d'inizio ottobre, in migliaia hanno riempito i templi dell'elettronica. Bastava avvicinarsi al bancone del bar, però, per accorgersi che qualcosa stava cambiando. Il rullo continuo degli scontrini sanciva la fine di un'epoca. Le bottigliette d'acqua stanno sostituendo i drink alcolici. La ragione? Al Pacha di Ibiza per un gin&tonic servono 15 euro. All'Amnesia, per un Mojito, bisogna tirare fuori 18 euro. Così l'acqua va a ruba, anche se non proprio a buon mercato.

Una bottiglietta grande quanto una lattina arriva a costare 9 euro. Al litro, fanno 27 euro. Un prezzo che però spaventa pochi, tant'è vero che mentre Carl Cox mette su i dischi dell'ultimo anno allo Space, in tanti agitano la magica bottiglietta blu. Un inedito anelito salutista? Non proprio. L'acqua è essenziale per mandare giù droghe che costano parecchio meno degli alcolici.

Con 20 euro si compra mezzo grammo di MDMA, da sciogliere poi nell'acqua. Sommato alla bottiglietta, fanno 30 euro. Per un effetto che dura una serata intera. Mentre una "pasticchina" Silver, da mandare giù a metà, per non rischiare costa non più di 10 euro. Ordinando al bancone anche solo un paio di bevute, invece, parecchi 20enni sforerebbero il budget della serata, già costata 60 euro solo per varcare l'ingresso del locale.

Se da un lato, paradossalmente, i ragazzi possono apparire perfino consapevoli dei rischi che corrono, dall'altro i genitori possono provare a riconoscere i sintomi dall'assunzione di sostanze.

Le anfetamine non creano dipendenza. Solitamente però sono causa di fenomeni di sonnolenza e forte affaticamento, che appaiono alla fine del weekend. Chi ne fa uso il sabato sera, tende a dormire davvero più del solito la domenica e il lunedì.

Un uso saltuario può determinare anche disturbi di memoria, evidenziati dalle risonanze cerebrali. Il cervello dimostra scarsa funzionalità.

Ma è davvero necessario assumere droghe per andare in discoteca?

Criminalizzare la musica e i locali è fuorviante.

L'assunzione di sostanze è solo un indicatore di disagio.

Chi ne avverte la necessità, in realtà mostra carenze psicologiche che hanno a che fare con se stesso.

Eppure l'imperativo sembra uno solo: durare più a lungo. Fino a qualche anno fa, a Ibiza le feste non finivano mai. Dopo un'intera serata nei club più famosi, alle 7 del mattino si correva agli "after". Si prendeva l'auto e ci si spostava nei locali che davano le feste del mattino, senza soluzione di continuità rispetto alla serata appena conclusa.

Una vera e propria prova di forza, per un fisico già spossato dal ritmo martellante della sera prima. Così anche per arginare il fenomeno dello spaccio, di fatto gli "after" sono stati banditi da Ibiza.

Almeno nelle intenzioni delle autorità, perché in realtà continuano nelle ville private, dove alcuni tra i dj più famosi dell'isola, si insediano alla consolle anche dopo l'alba.

Ritmi davvero elevati, a cui cominciano a dire basta gli stessi artisti. «Annuncio il ritiro dal mio tour. Ho messo troppo da parte me stesso in favore del deejay», ha scritto qualche mese fa la superstar Avicii, in una lettera ai suoi fan.

Gli Alcolici

Si fa una certa difficoltà a considerare l'abuso di alcool una droga. Però, purtroppo, lo è a tutti gli effetti.

Diciottomila morti all'anno, nel nostro Paese, per patologie connesse all'abuso di   sostanze alcoliche,   secondo i dati della Fondazione Umberto Veronesi **(https://www.fondazioneveronesi.it/magazine/i-blog-della-fondazione/il-blog-di-emanuele-scafato/i-morti-di-alcol-contano-se-si-sa-come-contarli)** sono un numero impressionante.

Inoltre, come le altre droghe, anche l'abuso di alcool dà dipendenza: non è per niente facile, cioè, farne a meno quando si è etilisti, cioè intossicati.

Infine, i giovani ne stanno sempre più abusando, con età di esordio attorno ai 12 anni.

Chiunque può verificare lo stato dell'arte in termini di mortalità sul recente *Report* presentato nel corso del Comitato Regionale dell'Organizzazione Mondiale della Sanità per l'Europa e rendersi conto delle tendenze registrate nel corso degli anni per le più importanti malattie come la cirrosi epatica, gli incidenti stradali ed il cancro, che da soli contabilizzano oltre l'85 per cento della mortalità parzialmente e totalmente causata dall'alcol.

La Tabella che segue mostra i decessi per patologie attribuiti all'abuso di alcool, divisi per regione:

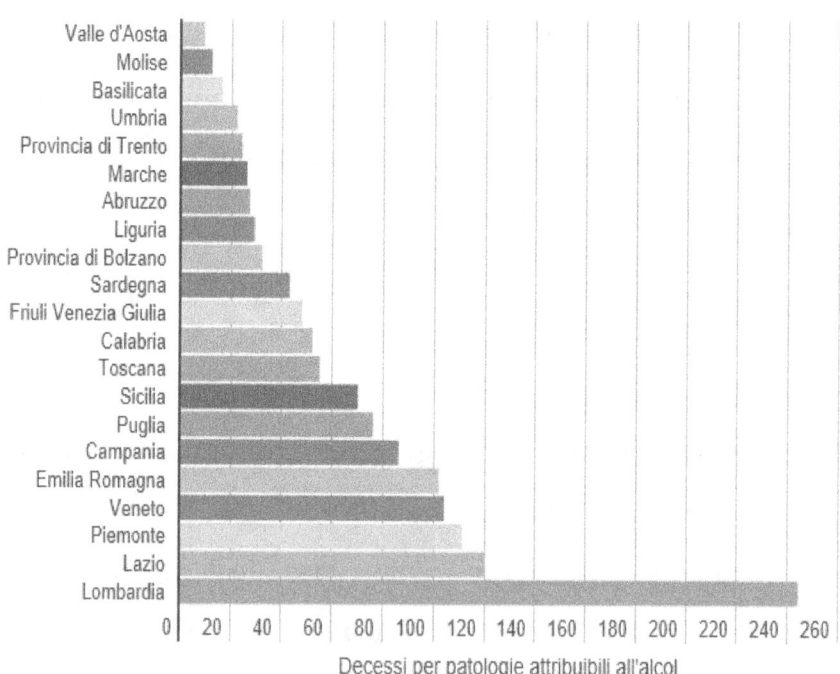

Decessi per patologie attribuibili all'alcol

Mentre questa seconda Tabella, tiene conto della popolazione residente in ciascuna Regione, in valori percentuali e fornisce, quindi, il quadro territoriale di problematicità del fenomeno:

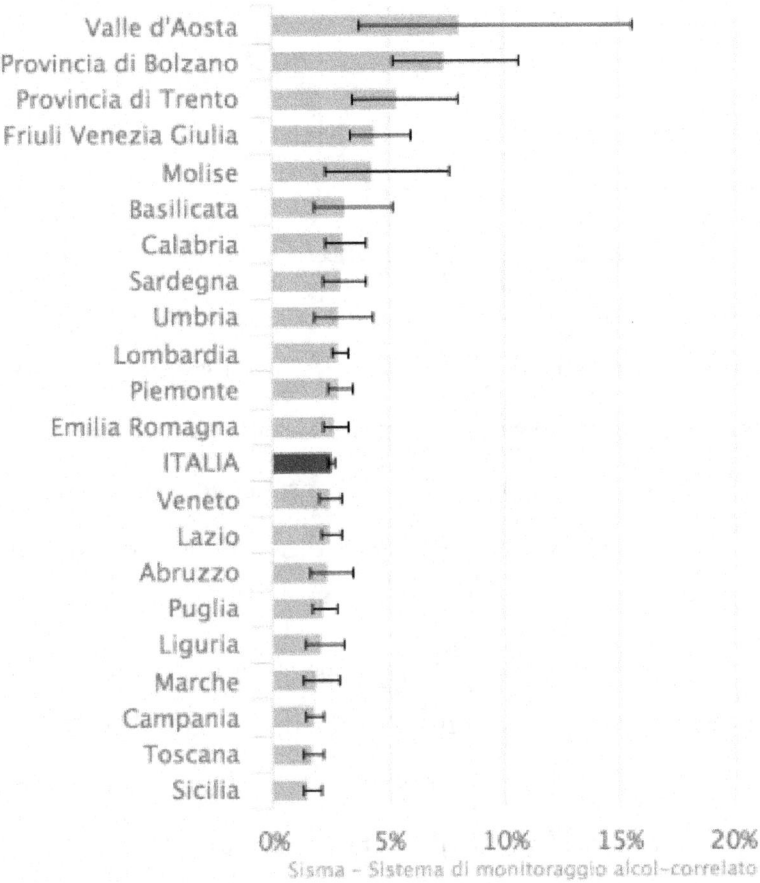

In Italia, inoltre, i costi economici a carico del Servizio Sanitario per le cure dell'alcolismo ammontano, complessivamente, a circa un miliardo di euro.

Se le cose stanno così, perché ce ne occupiamo così poco?

La risposta, peraltro condivisa da molti studiosi, è che l'alcool (ed il buon vino) fa parte della nostra cultura: c'è sempre stato e lo beviamo più o meno tutti.

Lo beviamo più o meno tutti (astemi ovviamente esclusi) proprio perché fa parte della nostra cultura. Ma non è del consumo moderato a pasto, di cui stiamo parlando. Ci mancherebbe altro! Si muore per abuso, non per uso.

Ed è un problema culturale perché nell'antica Grecia c'era addirittura un Dio con i grappoli d'uva pendenti dalle orecchie: si chiamava Bacco.

Così noi, da Bacco in poi, abbiamo liberamente prodotto uva, trasformandola in vino. Un'abitudine da sempre.

Molte barzellette hanno come protagonista un ubriaco: in questo, il buon Walter Chiari era un campione! E ridevamo tutti a crepapelle. Pensate per un attimo se avete mai ascoltato una barzelletta dove il protagonista è un eroinomane. No: non l'avete mai ascoltata, semplicemente perché non esiste. Anche questa differenza è un fatto culturale. L'ubriaco ci fa sorridere. L'eroinomane, no.

Le sostanze alcoliche, come tutti noi sappiamo, sono molte; oltre al vino, c'è la birra (tanto gradita ai nostri giovani) e ci sono i superalcolici, con gradazioni stratosferiche. Ed i Pronto Soccorso degli Ospedali nei fine settimana si riempiono di giovani in coma etilico, nel silenzio generale dell'opinione pubblica.

L'alcolismo è una malattia cronica caratterizzata da alterazioni comportamentali, fisiche e psichiche causate dal consumo continuativo o periodico di quantità elevate di alcol.

Gli effetti dell'alcolismo interferiscono pesantemente con la salute della persona e con la vita lavorativa, relazionale e sociale.

La dipendenza alcolica è caratterizzata da un comportamento ossessivo di ricerca compulsiva di bevande alcoliche (tipica la necessità di bere al mattino, appena svegliati) e da assuefazione e tolleranza.

Anche per l'alcoldipendenza, come per qualunque tossicodipendenza da droghe illegali, la brusca interruzione del consumo di alcol causa la sindrome da astinenza caratterizzata da tachicardia, tremori, nausea e vomito, agitazione, allucinazioni, convulsioni.

L'alcol è causa di patologie e problematiche correlate anche quando il suo consumo non è arrivato al punto da poter definire "alcolista" un individuo.

Si parla per esempio di consumo rischioso o dannoso di bevande alcoliche quando le quantità di alcol consumate possono esporre la persona o i terzi ad un pericolo o un rischio per la salute o la sicurezza, giungendo ad interferire sul regolare svolgimento della vita sociale, lavorativa o scolastica, a condizionare negativamente l'integrità delle capacità individuali, come quelle necessarie ad affrontare potenziali situazioni di pericolo (ad esempio prima di mettersi alla guida), a provocare in chi lo consuma problemi con la legge.

Non esistono quantità considerabili "sicure" di consumo alcolico e maggiore il consumo, maggiore è il rischio per salute e sicurezza.

L'alcol deprime il sistema nervoso centrale, riduce i freni inibitori e influenza pensieri, emozioni e capacità di giudizio. Può causare dunque problemi di vario livello di gravità che coinvolgono non solo il soggetto ma anche la sua famiglia e la società (ad esempio in caso di incidenti stradali o di atti di violenza).

Nel 2016 sono state prese in carico per alcolismo presso i servizi pubblici o privati convenzionati 72.377 persone. Un esercito. E queste settantaduemila persone sono solo quelle che han chiesto aiuto e si sono rivolti ad una struttura. Molti altri continuano a bere senza chiedere aiuto a nessuno.

L'utenza è andata tendenzialmente aumentando nel tempo; negli anni più recenti il trend crescente è soprattutto evidente per gli utenti già in carico e rientrati.

Il 26,6% dell'utenza complessiva è rappresentato da utenti nuovi; la quota restante da persone già in carico dagli anni precedenti o rientrati nel corso dell'anno, dopo aver sospeso un trattamento precedente.

L'analisi per età evidenzia che la fascia più interessata è 40/49 anni (circa 31% dei soggetti), sia per l'utenza totale che per le categorie nuovi e vecchi utenti. I nuovi utenti sono più giovani di quelli già in carico o rientrati: nel 2016 si è osservato che l'11,2% dei nuovi utenti ha meno di 30 anni, mentre per i più vecchi questa percentuale è pari al 5,7%; viceversa gli ultracinquantenni sono il 37,0% per i nuovi utenti e il 48,0% per quelli già in carico.

Non riconoscere che stiamo parlando di un'emergenza, è una lettura colpevole.

Il fenomeno relativo al consumo di bevande alcoliche in Italia, negli anni più recenti, sta decisamente mostrando un profilo nuovo rispetto agli ultimi decenni.

E' quanto emerge dalla *Relazione* del Ministro della Salute sugli interventi realizzati in materia di alcol e problemi correlati, trasmessa al Parlamento il 21 marzo 2018, che fornisce un aggiornamento dei dati epidemiologici sul consumo di bevande alcoliche nella popolazione italiana nel corso del 2016 e descrive le azioni di prevenzione messe in atto dal Ministero e dalle Regioni durante il 2017, per contenere il fenomeno correlato al consumo rischioso e dannoso di alcol.

A fronte di una riduzione del consumo di vino durante i pasti, **si registra un** progressivo aumento di consumo di bevande alcoliche occasionale e al di fuori dei pasti, condizione ancor più dannosa per le patologie e le problematiche correlate. I dati relativi al 2016 mostrano, infatti, una diminuzione rispetto all'anno precedente dei consumatori giornalieri, mentre cresce la quota dei consumatori occasionali di alcol (dal 42,2% del 2015 al 43,3% del 2016) e quella di coloro che bevono alcolici fuori dai pasti (nel 2014 erano il 26,9%, nel 2015 il 27,9%, nel 2016 risultano il 29,2%).

La prevalenza dei consumatori a rischio è stata nel 2016 del 23,2% per gli uomini e del 9,1% per le donne di età superiore a 11 anni, per un totale di circa 8.600.000 individui (Maschi=6.100.000, Femmine=2.500.000) che nel 2016 non si sono attenuti alle indicazioni di Salute Pubblica. Le fasce di popolazione più a rischio per entrambi i generi sono quella dei 16-17enni (M=49,3%, F=40,0%), che non dovrebbero consumare bevande alcoliche e quella dei "giovani anziani" (65-75 anni). Circa 800.000 minorenni e 2.700.000 ultra sessantacinquenni, infatti, sono consumatori a rischio per patologie e problematiche alcol-correlate. Le quote percentuali di consumatori a rischio di sesso maschile sono superiori a quelle delle donne per tutte le classi di età, ad eccezione di quella dei minorenni, dove invece le differenze non raggiungono la significatività statistica.

Nella fascia giovanile, il *binge drinking* (assunzione di numerose unità alcoliche al di fuori dei pasti e in un breve arco di tempo) rappresenta l'abitudine più diffusa e consolidata.

Nel 2015 il fenomeno riguardava il 15,6% dei giovani tra i 18 e i 24 anni di età, di cui il 22,2% maschi e l' 8,6% femmine. Nel 2016 il fenomeno riguarda il 17% dei giovani tra i 18 ed i 24 anni di età, di cui il 21,8% maschi e l'11,7% femmine.

Si conferma inoltre la tendenza già registrata negli ultimi 10 anni che vede una progressiva riduzione della quota di consumatori che bevono solo vino e birra, soprattutto fra i più giovani e le donne, mentre aumenta la quota di chi consuma, oltre a vino e birra, anche aperitivi, amari e superalcolici, aumento che si registra nei giovani e giovanissimi.

Questo è il quadro. Pensiamo sia sufficiente per decidere di muoverci e di non sottovalutare la grave piaga dell'alcolismo.

Cannabis: un caso a parte

La _Cannabis_, o canapa, pianta erbacea appartenente al ceppo delle Cannabicee, è originaria dell'Asia centrale e la sua scoperta risale all'8.000 a.C. .

Ricerche medico-scientifiche, sociologiche e psicologiche, politico-sociali hanno avuto come oggetto la nascita, la storia, l'evoluzione di questa pianta.

Prima di essere inserita tra le droghe, la cannabis sativa era utilizzata dalle Colonie Americane per produrre fibre, carta, combustibile e allestimenti per le navi, come le vele; era utilizzata anche come mezzo per iniziare rituali religiosi induisti e come medicinale grazie ai suoi principi attivi.

Nel 1900, a seguito di un'importante campagna denigratoria (in parte perché costituiva una minaccia economica per le industrie concorrenti del petrolio e della carta) la canapa venne definita una sostanza pericolosa per problematiche legate all'abuso e alla dipendenza.

Al centro del dibattito sociale e scientifico sono l'uso e l'abuso, gli effetti terapeutici e quelli dannosi per l'organismo. Il confine tra terapia e nocività risiede nelle quantità di principio attivo dei diversi componenti presenti nella pianta, nelle dosi e nelle modalità di coltivazione e somministrazione della sostanza. Il CBD (cannabidiolo) e il THC (tetraidrocannabinolo) sono i componenti più presenti nella pianta con una differenza principale: il CBD non produce effetti psicoattivi e la comunità scientifica ha potuto dimostrare che è in grado di migliorare e curare molte malattie precedentemente intrattabili senza particolari effetti collaterali; il THC (il componente psicoattivo) viene inserito tra le sostanze stupefacenti e può favorire il trattamento e la cura di alcune malattie, ma a differenza del CBD ha comprovati effetti collaterali.

Nonostante la *Cannabis* a scopo terapeutico da alcuni anni sia diffusa in Italia per trattare diverse patologie, la libera coltivazione ne è vietata; la Legge permette a tutte le regioni italiane l'accesso ai farmaci a base di *Cannabis*, a carico del Servizio Sanitario Nazionale; i pazienti possono farne utilizzo su prescrizione medica con specificate dosi, posologie e modalità di assunzione.

La Cannabis, dal punto di vista normativo, sta subendo una profonda modificazione: apertura di esercizi commerciali, con la possibilità di vendere al numeroso pubblico interessato Marijuana di basso principio attivo, ma pur sempre derivata dai Cannabinoidi, per uso voluttuario e, nel contempo, possibilità di prescrizioni mediche da parte del Servizio Sanitario Nazionale della sostanza a fini terapeutici per il controllo del dolore severo in patologie importanti.

I cambiamenti legislativi al riguardo sono recenti e, come sovente accade, applicati "a macchia di leopardo" nelle diverse realtà regionali: per fare un esempio a noi territorialmente vicino, nella nostra Liguria l'uso terapeutico fatica a decollare, mentre in Regioni limitrofe è prassi consolidata.

Ma nel resto del Mondo, come sono messi?

Qui di seguito, una carrellata dei differenti modi di approccio alla Cannabis:

Argentina: legale esclusivamente il possesso fino a 5 g di inflorescenze essiccate per uso privato.

Australia: illegale in Tasmania e Nuovo Galles del Sud, depenalizzata negli stati rimanenti. Legale per uso terapeutico.

Belgio: illegale, ma il governo belga ha avviato un programma di ricerca volto a stabilirne l'efficacia medica.

Brasile: illegale, ma depenalizzato in caso di possesso di quantità inferiore a 20 grammi, considerato uso ricreativo.

Camerun: illegale la coltivazione della cannabis sativa, chi affetto da cancro o AIDS può farne uso come antidolorifico.

Canada: legale sia per uso terapeutico che per uso ricreativo, il 20 giugno 2018 il parlamento canadese con 52 voti a favore, 29 contrari e 2 astenuti, legalizza la *Cannabis* a scopo ricreativo consentendo ai cittadini di coltivare fino ad un massimo di 4 piante a domicilio.

Corea del Nord: legale sia per scopo terapeutico per che scopo ricreativo. Il governo nord-coreano non considera la *Cannabis*, una droga.

Francia: illegale. Per il consumatore sono previste pene fino a un anno di carcere, ma il Ministero della Giustizia, a cui sono subordinati i Magistrati del Pubblico Ministero, raccomanda di non avviare procedimenti penali contro consumatori occasionali. Le Forze dell'Ordine, in caso di flagranza di reato, possono soltanto intervenire a fini dissuasivi.

Germania: depenalizzato il possesso di modiche quantità, entro i 10 grammi.

Giamaica: legale il possesso fino a 56,70 grammi e la coltivazione fino a 5 piante. I Rastafariani (seguaci della religione tradizionale giamaicana) possono utilizzare, possedere e coltivare *Cannabis* senza limitazione alcuna all'interno dei luoghi di culto. La legge è stata approvata il 25 febbraio 2015.

Giappone: illegali tutti i preparati contenenti THC dal 1948, a seguito di una legge introdotta dalle Forze di Occupazione statunitensi alla fine della seconda guerra mondiale.

Israele: illegale, l'uso medico è autorizzato solo dal ministero della sanità che valuta ogni singolo caso, ma spesso il consenso non viene emesso.

Italia: illegale, consentito l'uso medico e il consumo personale fino a 5 grammi. Spesso viene penalizzato lo stesso con un articolo n°75, schedatura, fino alla terza ripetizione di essa, prima di procedere con l'arresto e varie analisi specifiche.

Lussemburgo: legali possesso ed uso per scopi medici, purché il consumatore sia adulto e non coinvolga minorenni.

Messico: illegale. Tuttavia alcune persone hanno ottenuto (dopo un ricorso alla Corte Suprema) un'Autorizzazione Amministrativa da parte del Governo che gli consente di coltivare e consumare lecitamente *Cannabis* a scopo ludico.

Nuova Zelanda: illegale (il Ministero della Sanità ha affermato che un uso medico non è da escludersi, ma sono necessari ulteriori studi ed un metodo per una corretta regolazione). Il Comitato per la Sanità del Parlamento neozelandese raccomanda un alleggerimento delle leggi sulla *Cannabis* e la messa a disposizione di medicine a base della stessa.

Paesi Bassi: legale, secondo normativa precisa. Nella politica e nella legislazione dei Paesi Bassi esiste una distinzione tra droghe pesanti (come eroina e cocaina) e i derivati della canapa (*Cannabis*, hashish). Si noti che il termine "droghe leggere" (Softdrugs, "droghe morbide") non viene usato nella Legislazione olandese, dove si parla genericamente di "sostanza", ma si differenzia tra sostanze di categoria I ("droghe pesanti") e II (tra cui la *Cannabis*). Tale distinzione è basata sui differenti livelli di dipendenza e sul calcolo del rischio per la salute indotto dall'uso delle diverse sostanze. La politica di questo Paese, decisamente diversa rispetto agli altri Paesi dell'Unione Europea è la seguente: "se un problema si è dimostrato insolvibile è meglio cercare di controllarlo" che continuare a promulgare leggi che non portano a un sostanziale risultato.

Polonia: illegale l'importazione, la produzione, la vendita e il possesso. La detenzione è punibile fino a tre anni di reclusione, mentre la vendita è condannabile con una pena fino a 10 anni di carcere. La vendita a un minore è un reato punibile da 3 a 15 anni di reclusione.

Portogallo: depenalizzato il possesso dal 2001, la compravendita è un reato.

Regno Unito: illegale (nel 1998 la Camera dei Lord ha raccomandato che la *Cannabis* venisse resa disponibile per uso medico tramite prescrizione. Dopo alcuni test clinici il governo non ha accettato la raccomandazione). Recentemente è stato depenalizzato l'uso personale domestico.

Repubblica Ceca: è legale possedere fino a 15 grammi di marijuana, è anche legale coltivare questa specie vegetale per uso personale. È vietata la vendita.

San Marino: illegale tranne l'uso terapeutico, il Partito politico Sammarinese "San Marino 3.0" in occasione delle elezioni politiche a San Marino del 2012 ha proposto di legalizzare la *Cannabis* e tutte le droghe leggere con un referendum.

Spagna: legale la coltivazione a scopo personale, che può avvenire anche in modo collettivo (nei Cannabis Social Club) e il consumo in luoghi privati.

Stati Uniti: illegale l'uso per qualsiasi ragione, tuttavia 29 Stati ed il Distretto della Columbia hanno approvato normative che contemplano l'esenzione dal divieto per uso medico. Nel mese di novembre 2012 gli elettori degli Stati del Colorado e Washington hanno scelto di legalizzare l'uso personale fino ad un'oncia (28,35 g) e di implementare licenze per la coltivazione e la distribuzione a scopo ricreativo. Nel novembre 2014 anche Alaska, Oregon e Washington D.C. hanno legalizzato la vendita di *Cannabis* a scopo ricreativo; a questi si sono aggiunti, in seguito al Referendum di novembre 2016, anche California, Massachusetts, Maine e Nevada. Dal gennaio del 2018 il Vermont è divenuto il nono Stato U.S.A. a legalizzare la *Cannabis* a scopo ricreativo, e il primo a farlo per via parlamentare.

Sudafrica: Illegale la vendita a scopo ricreativo. Legale a scopo terapeutico. Depenalizzato il consumo e la coltivazione personale a scopo ricreativo.

Svizzera: illegali possesso e coltivazione della *Cannabis* sotto forma di stupefacente (THC >1%). Esperimenti di legalizzazione sono stati condotti e vengono condotti in alcuni cantoni. La Svizzera ha votato un'iniziativa popolare per depenalizzare l'uso della canapa il 30 novembre 2008, ma è stata respinta dagli elettori svizzeri con il 63,2% di voti contrari. Dal

1° gennaio 2012, nei cantoni Vaud, Ginevra, Neuchâtel e Friburgo, è consentito coltivare nella propria abitazione fino ad un numero massimo di 5 piante per persona, ma con un tenore di THC inferiore al 1%, ovvero cannabis light.

Uruguay: L'Uruguay è stato il primo Stato al mondo a legalizzare nel dicembre 2013 la coltivazione e la vendita di marijuana, rendendola Monopolio di Stato.

CANNABIS
LEGALE & ILLEGALE

FU VIETATA PER LA PRIMA VOLTA NEGLI STATI UNITI A PARTIRE DAL 1937
CON L'EMANAZIONE DEL MARIJUANA TAX ACT,
A FIRMA DEL PRESIDENTE FRANKLIN DELANO ROOSEVELT

LEGALITÀ DELLA CANNABIS PER USO RICREATIVO NEL MONDO

- LEGALE O SOSTANZIALMENTE LEGALE
- ILLEGALE MA DEPENALIZZATA
- ILLEGALE MA SPESSO NON PERSEGUITA
- ILLEGALE
- NESSUNA INFORMAZIONE

LEGALITÀ DELLA CANNABIS PER USO TERAPEUTICO NEL MONDO

- LEGALE O SOSTANZIALMENTE LEGALE
- ILLEGALE MA DEPENALIZZATA
- ILLEGALE MA SPESSO NON PERSEGUITA
- ILLEGALE
- NESSUNA INFORMAZIONE

IN ARGENTINA è LEGALE
ESCLUSIVAMENTE IL POSSESSO FINO A 66
DI INFLORESCENZE ESSICCATE PER USO PRIVATO

IN CANADA è ILLEGALE
L'ATTUALE GOVERNO HA IN PROGRAMMA
LA LEGALIZZAZIONE DEL POSSESSO E
DEL COMMERCIO DI CANNABIS A SCOPO RICREATIVO
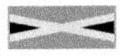

IN FRANCIA è ILLEGALE
È PREVISTO FINO A UN ANNO DI CARCERE COME SANZIONE
LE FORZE DELL'ORDINE, IN CASO DI FLAGRANZA DI REATO, POSSONO
INTERVENIRE SOLO A FINI DISSUASIVI

IN GIAMAICA è LEGALE
IL POSSESSO FINO A 56,70 GRAMMI E LA COLTIVAZIONE
FINO A 5 PIANTE. I RASTAFARIANI POSSONO UTILIZZARE
POSSEDERE E COLTIVARE CANNABIS SENZA LIMITAZIONE
ALL'INTERNO DEI LUOGHI DI CULTO

IN GIAPPONE è ILLEGALE
DAL 1948, CON UNA LEGGE INTRODOTTA DALLE FORZE DI OCCUPAZIONE
STATUNITENSI ALLA FINE DELLA SECONDA GUERRA MONDIALE

IN ISRAELE è ILLEGALE
L'USO MEDICO È AUTORIZZATO SOLO DAL MINISTERO
DELLA SANITÀ CHE VALUTA OGNI SINGOLO CASO

IN SPAGNA è LEGALE
NEI CLUB AUTORIZZATI

IN SVIZZERA è ILLEGALE
ESPERIMENTI DI LEGALIZZAZIONE VENGONO CONDOTTI
IN ALCUNI CANTONI: A VAUD, GINEVRA, NEUCHÂTEL E
FRIBURGO AD ESEMPIO È CONSENTITO COLTIVARE
PRIVATAMENTE UN MASSIMO DI 5 PIANTE

IN URUGUAY è LEGALE
È STATO IL PRIMO STATO AL MONDO A LEGALIZZARE
(NEL DICEMBRE 2013) LA COLTIVAZIONE E LA VENDITA DI MARIJUANA,
RENDENDOLA MONOPOLIO DI STATO

NEGLI STATI UNITI è ILLEGALE
L'USO A LIVELLO FEDERALE PER QUALSIASI RAGIONE.
29 STATI HANNO APPROVATO L'ESENZIONE PER USO MEDICO.
È LEGALE NEL DISTRICT OF COLUMBIA E IN COLORADO, OREGON,
NEVADA, ALASKA, WASHINGTON, MAINE E MASSACHUSETTS.
DAL PRIMO GENNAIO 2018 LA VENDITA DELLA MARIJUANA
RICREATIVA IN CALIFORNIA DIVENTA COMPLETAMENTE LEGALE

LA SITUAZIONE CREA UN TERRENO DI SCONTRO POLITICO E
LEGALE TRA L'AMMINISTRAZIONE TRUMP E I SINGOLI STATI

FONTE WIKIPEDIA.IT - LASTAMPA.IT

Spegniamo i riflettori sulla Cannabis e torniamo a parlare di tutte le doghe, soffermandoci sulle notizie false che circolano abbondantemente.

Notizie false che circolano

La prima notizia totalmente falsa che circola tra i giovani consumatori di droghe è che rivolgersi ad un Servizio Pubblico come il Sert li esponga automaticamente a rischi di sospensione patente guida auto.

Niente di più falso: anzi, è vero esattamente il contrario.

Innanzitutto perché il Sert non ha nessun obbligo legislativo di segnalare alle Prefetture i propri pazienti. Come non ha nessun obbligo d'interfacciarsi con le Procure della Repubblica, nonostante l'uso di droghe sia illecito.

Un piccolo aneddoto: anni fa, chi veniva portato in Pronto Soccorso in overdose da eroina dai suoi amici, veniva immediatamente ed automaticamente segnalato dai Poliziotti in servizio come consumatore di oppiacei. Così, alcuni "amici", per non nuocere al moribondo, lo lasciavano a bordo strada, dove moriva. Quando ci si rese conto che non veniva quasi più nessuno portato nei Pronto Soccorso e che i decessi aumentavano vistosamente, fu modificata, fortunatamente, la norma ed i poliziotti non segnalarono più nessuno: i morti si ridussero, ovviamente. Ed i tossici in overdose ripresero la strada degli Ospedali.

I Sert fanno parte delle ASL e, come tutti i Servizi Sanitari, hanno l'obbligo del segreto professionale. E quindi, non raccontano proprio niente a nessuno. Oltretutto, l'accesso è diretto, senza neppure la necessità di passare dal CUP (Centro Unico Prenotazione) per accedere. Per ovvi motivi di riservatezza e di tutela dei propri pazienti.

È vero il contrario: quando qualunque Forza dell'Ordine (Polizia di Stato, Carabinieri, Guardia di Finanza, Vigili Urbani, eccetera) trova una persona in possesso di sostanza stupefacente, manda lo stupefacente sequestrato al Laboratorio Analisi, con lo scopo di pesare la sostanza e stabilire l'iter del sequestro: se la quantità trovata in possesso è inferiore o uguale a quello che viene ritenuto uso personale, scatta il solo obbligo da parte delle Forze dell'Ordine di segnalare il fatto accaduto alla Prefettura di Residenza della persona perquisita. Nulla più. Il reato è amministrativo e non c'è nulla di penale. Si ricorda che le Prefetture sono organi amministrativi, dipendono dal Ministero dell'Interno, non c'entrano nulla con le Procure, i Tribunali ed i

Magistrati e svolgono esclusivamente funzioni amministrative, allo scopo d'indurre a curarsi chi ancora non l'ha fatto ed allo scopo di monitorare le situazione di chi è già in carico ai Servizi.

In buona sostanza, chi è stato segnalato come consumatore, essendo l'uso di droghe illecito, viene invitato a dimostrare, in un lasso di tempo congruo, che ha cessato l'uso. In che modo? Sottoponendosi agli esami dei cataboliti urinari delle droghe, cioè il cosiddetto esame delle urine, oppure all'esame del capello. Il Provvedimento viene sospeso in attesa della dimostrazione dell'uso di sostanze ed archiviato nel momento in cui gli accertamenti terminano. La prima volta nella vita non viene neppure adottata alcuna sanzione amministrativa. Ovviamente diverso è il discorso se l'uso non viene interrotto, come pure se viene interrotto e poi ripreso con una nuova segnalazione (che non sarebbe più la prima, ma la seconda): in questo caso, le sanzioni sono crescenti, pur se solo amministrative e quindi non penali, e che vanno comunque nella direzione della restrizione delle libertà individuali. Si va dalla sospensione della patente di guida, al ritiro tout court, al timbro "Non valida per l'Espatrio" sulla Carta d'Identità, al ritiro del Passaporto, alla revoca del

Porto d'Armi per chi lo ha, oppure all'impossibilità di ottenerlo per chi non lo ha.

Quindi, è nell'interesse della persona fermata e trovata in possesso di droga aderire alle richieste della Prefettura, dimostrando di essere disponibile a dimostrare di aver cessato l'uso, per non incorrere in sanzioni amministrative: è l'interessato che chiede di accedere al Sert, se non l'aveva mai chiesto prima. Non è il Sert che segnala alla Prefettura i propri pazienti in carico.

Ne discende che poter dimostrare di essere già in carico ad un Sert rappresenta una tutela dell'interessato, una semplificazione della procedura, e non un'aggravante della sua posizione.

I N.O.T. delle Prefetture (Nuclei Operativi tossicodipendenze) non sono stati introdotti dal T.U. 309/90 con compiti persecutori o repressivi, ma solo con compiti di prevenzione all'uso di sostanze e con lo scopo d'incrementare l'accesso ai Sert di chi usa sostanze e mai ha messo piede liberamente nei Servizi, magari sulla base della prima notizia falsa che purtroppo circola e che qui abbiamo provato a smascherare.

L'ennesima bufala, si direbbe oggi.

Già che ci siamo, affrontiamo anche il rapporto tra Sert e Procure e Tribunali.

Come forse è noto a tutti, i Magistrati possono accedere a qualunque Servizio, sia pubblico che privato, oltrepassando qualsiasi segreto professionale. Possono acquisire qualunque Cartella Clinica di qualunque Ospedale dove abbiamo avuto una qualunque prestazione sanitaria e così via.

Ma deve esserci un motivo più che valido per farlo e deve essere comunicato nel Provvedimento Giudiziario. Che so: un'indagine, un qualche motivo giuridico che legittimi la richiesta. I Giudici sono "Periti Peritorum" e, quindi hanno accesso a tutto ciò che ci riguarda, purché sia motivato.

Non sono i Sert che forniscono l'elenco dei pazienti in carico ai Magistrati, ma è esattamente il contrario: sono i

Magistrati che hanno il potere di chiedere e di ottenere qualunque informazione necessiti loro su chiunque di noi, purché la richiesta sia specificata e motivata. C'è una bella differenza. Ed il più delle volte poter rispondere al Giudice, dietro sua motivata richiesta, che Mario Rossi è seguito dal Sert, semplifica e di molto la situazione del Sig. Rossi.

Un'altra gigantesca bufala in circolazione ha veramente dell'incredibile e val la pena di affrontarla: non è vero che in Italia alcune droghe sono lecite. E' vero l'esatto contrario: in Italia nessuna droga è lecita. Se ne deteniamo poca, l'illecito è amministrativo, come quello sopradescritto dove operano i NOT delle Prefetture, se ne deteniamo molta, l'illecito è penale e si va dritti in galera. Non esistono neppure più differenze tra "pesanti" e "leggere", coma sopradetto: qualunque droga è illecita.

E pensare che le sanzioni amministrative siano una "passeggiata", significa non aver capito niente: ognuno di chi legge, pensi per un attimo a come sarebbe la propria vita se non potesse più guidare l'auto o non potesse più andare dove gli pare fuori dai confini dell'Italia, fino a non poter più uscire dai confini del proprio Comune di Residenza. Certo, non si va in galera, ma la vita sarebbe ugualmente stravolta.

Nonostante l'attuale normativa sia in vigore da decenni, la pressoché totale assenza di dibattito su temi come questo, il silenzio quasi assoluto sul tema droga, produce mostri informativi di questo genere e le notizie, palesemente false, vengono veicolate dai Social Network. E credute.

Una terza credenza molto diffusa, totalmente errata e priva di qualsivoglia scientificità è che la modalità d'assunzione delle droghe incida sul livello di pericolosità o sull'instaurarsi della dipendenza fisica. Nulla di più sbagliato.

E' il Principio Attivo di ogni sostanza stupefacente ad essere responsabile dei rischi d'assunzione ed a creare dipendenza: non è vero, tanto per fare un esempio, che fumare oppio fa meno male che iniettarselo in vena. Il Principio Attivo è il medesimo. E, quindi, non conta nulla la modalità con cui lo introduciamo nel nostro corpo. La dose letale, l'overdose da oppiacei per esempio, può essere raggiunta con qualunque modalità di assunzione. Come pure la dipendenza fisica può essere raggiunta con qualunque modalità di assunzione. Perché il Principio Attivo detta le leggi.

La differenza, quindi, non sta nelle modalità d'assunzione: l'unica differenza è che fumare anziché bucarsi riduce il rischio di contrarre AIDS o malattie simili, epatiti comprese.

Ma ciò solo perché il vettore di queste malattie è il sangue e, fumando, gli aghi, il sangue e le vene, non vengono usati dal consumatore di droghe. Tutto qua. Tutto il resto è perfettamente uguale.

Luoghi comuni

Il primo terribile luogo comune è che *dalle droghe non si esce*.

Smettere di usare stupefacenti, in alcuni casi, può essere difficile, ma non è mai impossibile. Da nessuna droga non è impossibile uscire.

Ed affermare questo luogo comune oltre che irresponsabile e scientificamente scorretto è un atteggiamento colpevole, che toglie speranze ed energie a chi ne fa uso.

Come già detto, non s'inizia a far uso di stupefacenti per cause generalizzabili ed uguali per tutti: ognuno ha i propri personalissimi motivi.

Se l'accesso è personale, anche l'uscita dal circuito lo è: nessuna terapia è, di per sé, migliore delle altre. Da ciò discende che trattare un tossicodipendente parte, più che dal versante del "fare", dal versante del "capire" e del "conoscere" più accuratamente possibile chi si ha davanti.

Quando il curante ritiene di aver svolto per bene questo compito, può individuare il trattamento che gli sembra idoneo a risolvere il problema. Trattamento che può essere efficace, quanto no.

Se non lo è, se ne deve poter provare un altro, senza perdersi d'animo e sorreggendo lo scoramento del paziente e della sua famiglia. Sapendo che le cure possono durare anche decenni, ma prima o poi, quella efficace la si incontra.

La tossicodipendenza (è il caso di ricordarlo) è una malattia complessa e variegata e merita energie e costanza da parte di tutti: del paziente innanzitutto, dei suoi familiari di pari passo e dei curanti. In buona sostanza, è un lavoro di squadra e come tutti i lavori di squadra necessita di tutte le parti in causa e non di una sola parte.

Il secondo luogo comune è che chi comincia a farsi le canne è destinato a passare a droghe più pesanti, impegnative e pericolose, ad esempio gli oppiacei.

Ed affermare questo luogo comune oltre che irresponsabile e scientificamente scorretto è un atteggiamento colpevole, che indirettamente "invita" ad effettuare tale passaggio anche chi nemmeno ci pensava, presentandolo come comportamento consequenziale, automatico ed inevitabile.

Ricordo di aver incontrato qualche tempo fa alcune madri disperate, le quali, oltre ad essere convinte dell'ineludibilità della sopradescritta escalation, avevano pensato bene di dirlo ai loro figli a chiare lettere, con frasi premonitrici del seguente tenore: "Ora ti fai le canne, tra poco ti farai di eroina". Ovviamente erano stati i loro figli, miei pazienti a raccontarmelo in seduta ed io a spolmonarmi che non era per niente obbligatorio, né automatico, né inesorabile. Chi, tra loro, lo fece, mi disse: "Mia madre l'aveva previsto". Non penso abbia fatto piacere alle madri vedere confermata la loro profezia.

Se questa teoria di escalation tra droghe leggere e pesanti fosse vera, saremmo rovinati. I dati statistici ci dicono che quasi la metà dei nostri giovani ha fumato spinelli: di questi, meno del 10 per cento è passato agli oppiacei. Il che significa che più del 90 per cento si è fermato lì. Non è ovviamente questo uno "sdoganamento" dei derivati della canapa: si può vivere anche senza farsi le canne, ed è molto meglio.

Ma le cose vanno dette per quel che sono, senza pensare che terrorizzare o profetizzare escalation di droghe sia efficace. Non lo è. Assolutamente.

Il terzo luogo comune è che il Metadone o la Buprenorfina (farmaci usati nella cura delle dipendenze gravi) siano droghe a tutti gli effetti, anche se legali e prescrivibili.

Gli inglesi, questo problema non se lo pongono perché hanno un solo termine a disposizione per descrivere farmaci e droghe: drug. Per gli inglesi anche le medicine sono "drug", in quanto sostanze il cui principio attivo modifica lo stato psico fisico di chi le assume.

Il Metadone è un farmaco agonista degli oppiacei: contrasta, cioè, la necessità fisica di assumere oppiacei, chiamata Dipendenza. L'interruzione dell'uso di oppiacei fa nascere crisi di astinenza, talora dolorose ma, va detto, mai mortali, e, se usato correttamente può decisamente contrastare l'astinenza e può permettere l'affrancamento da tale tipo di stupefacenti. L'uso corretto prevede la riduzione graduale del farmaco, in dosi scalari, favorenti il ripristino delle condizioni antecedenti all'inizio d'uso, senza attraversare astinenze.

Non è poco.

La paura dei dolori astinenziali svolge un indubbio ruolo dissuasivo nei tossicodipendenti, ed il Metadone facilita il raggiungimento dell'obiettivo.

Quanto debba durare la terapia con il Metadone non lo stabiliscono i curanti, ma i pazienti: per alcuni anche anni. Teniamo però presente che il farmaco, in quanto legale e prescrivibile, allontana i pazienti dal circuito delinquenziale che gestisce gli stupefacenti illegali. E con esso, il rischio di finire in galera. Teniamo inoltre presente che il Metadone è un farmaco ospedaliero e, in quanto tale, prescrivibile e somministrabile solo in Strutture Asl, dove operano curanti iperspecializzati in materia. Non è il medico di base che lo prescrive e non si ritira in farmacia, per capirci.

Tra vivere dieci anni utilizzando eroina oppure vivere dieci anni utilizzando metadone c'è un'enorme differenza: solo chi usa il "pensiero rigido" e le ideologie precostituite (prevalentemente di tipo moralistico) può non cogliere tali differenze.

Infine, la Buprenorfina è un farmaco con caratteristiche miste, sia antagoniste che agoniste ed è meno famoso, ma oramai molto usato nelle cure delle dipendenze.

Due risposte al perché

Perché ci si droga?

Si è soliti dire che ogni consumatore di droghe è diverso dall'altro, ed ha quindi i suoi personali motivi se ha iniziato e le sue personali difficoltà a decidere di smettere.

Ciò è vero e va assolutamente tenuto presente.

A complicare le cose c'è anche il fatto che le droghe "sono buone" …

Ma qua intendiamo formulare due risposte al perché i nostri giovani si droghino, in aggiunta ed al di là delle loro personali motivazioni.

La prima timida risposta la chiameremo "Situazione Esistenziale": come vivono, cioè, i giovani d'oggi.

Male. Molto male.

E per giunta, vivono a fianco di adulti (genitori, parenti, amici) convinti che vivano bene. Una distanza siderale tra i primi ed i secondi.

Noi adulti ed anzianotti pensiamo che vivano bene perché usiamo criteri di misurazione della loro felicità del tutto inadeguati, primo fra tutti i soldi in tasca. Non è necessario essere degli economisti affermati per accorgersi che siamo messi meglio dal punto di vista economico di come eravamo messi 50 o 60 anni fa. Quando ero ragazzino facevo la "cresta" sul resto quando mia madre mi mandava a prendere il latte: oggi già in terza elementare i nostri figli o nipoti hanno la "paghetta" settimanale ed uno smartphone da 500 euro in tasca.

Il denaro, da solo, non dà la felicità. Mai. Altrimenti non si capirebbe perché persone affermate, attori e cantanti di successo piene di soldi si suicidano.

Ogni essere umano è fatto del suo passato, vive nel presente e si immagina il suo futuro.

Il presente dei nostri giovani, in linea di massima, non è costellato di soddisfazioni: per chi studia, la scuola appare spesso appiattita su se stessa, più attenta a svolgere pedissequamente i programmi didattici che a promuovere insegnamenti qualitativi, coinvolgenti, interessanti. Gli insegnanti talora sono demotivati e non vedono l'ora di andare in pensione: il gap generazionale si è molto allargato ed i professori il più delle volte hanno più di cinquant'anni dei loro studenti ed hanno poche idee di quale sia il loro mondo interiore.

Per chi lavora, la situazione non è diversa: difficoltà di ogni genere, totale assenza di riconoscimento di merito, sfruttamento strisciante diffuso, precarietà.

Per qual motivo dovrebbero essere soddisfatti?

Il presente non pare proprio essere costellato di soddisfazioni.

Il futuro, purtroppo, pare essere peggio del presente: tassi di disoccupazione elevatissimi, enormi problemi ad accedere al lavoro e scarsissime speranze che le cose possano cambiare in meglio.

Questo della speranza è un tema centrale nella vita dei giovani: la speranza in un mondo migliore è un elemento fondamentale nella crescita di un individuo, di ogni individuo. E non è solo Vasco Rossi con le sue canzoni ad essersene accorto. Se ne sono accorti anche i nostri ragazzi.

Se riusciamo, cerchiamo di non dar loro colpe, perché ne hanno veramente poche.

Se riusciamo, cerchiamo di trovare in noi adulti le responsabilità di questo stato di cose: ci siamo "spenti" nei valori da trasmettere loro, solo pochi di noi adulti coltivano ideali, siamo diventati tutti "grigi", molti di noi hanno tirato i remi in barca perché anche loro hanno smarrito la speranza.

Garantisco il lettore che mentre scrivo non sto attraversando una fase depressiva della mia vita. Tutt'altro. Ma quando una realtà va descritta non si può edulcorarla perché è brutta. Va descritta com'è.

Nessun essere umano può vivere senza la speranza di avere un futuro che valga la pena d'inseguire. La speranza fornisce un senso alla vita.

Molti giovani che usano droghe hanno smarrito questa speranza e le droghe svolgono spesso questa funzione vicaria ed illusoria. Ma non sono la realtà e tanto meno riescono a modificarla. Le droghe svolgono una attenuazione della percezione di assenza della speranza.

È un po' come prendere un anestetico quando abbiamo una carie in un dente: si riduce il dolore, ma la carie (finché non la eliminiamo andando dal dentista) rimane. E siccome il problema è sociale e non solamente psicologico, soltanto un cambiamento sociale di grosse dimensioni, che riporti al centro l'uomo e non il profitto e l'individualismo, può essere efficace. Purtroppo non si vedono all'orizzonte grandi cambiamenti sociali che vadano in questa direzione.

Qualcosa, almeno le Amministrazioni Comunali, potrebbero fare: innanzitutto riprendere a parlare della questione, a tutti i livelli, sia istituzionali, che a livello di popolazione. Non è facendo come fanno gli struzzi, mettendo cioè la testa sotto la sabbia, che le questioni si risolvono. Parlarne in tutte le sedi, svegliare le persone dal torpore o dal fatalismo. Accettare lo scontro (magari trasformandolo in confronto) tra le diverse fazioni che esistevano un tempo, che esistono anche oggi, ma che nessuno ha voglia o interesse di far circolare. Smuovere le coscienze, in buona sostanza.

Poi, o anche meglio, contemporaneamente, accettare il rischio di sperimentare iniziative nuove che vadano nella direzione del coinvolgimento del mondo giovanile. Prevedere spazi autogestiti dai ragazzi, far giungere loro il messaggio che il mondo degli adulti è interessato a loro. Senza preoccuparsi troppo del loro mandato istituzionale e politico, ma "seminando" magari per quando saranno altri a raccogliere i frutti della semina. L'autogestione degli spazi è fondamentale: nessun adulto può pensare di conoscere ciò che ai giovani desta interesse. Devono essere loro a riempire gli spazi di contenuti, di quei contenuti che decideranno di scegliere.

Stiamo cercando una classe politica di adulti coraggiosi, senza pregiudizi, disposta a mettersi in gioco, magari rischiando di non essere rieletti perché la sperimentazione non ha funzionato.

Stiamo cercando una classe politica che pensi alle prossime generazioni, non alle prossime elezioni.

Forse stiamo sognando. Può darsi. Ma non vediamo altre strade se non vogliamo dichiararci vinti.

Crediamo che sia meglio un'iniziativa che fallisce, piuttosto dell'assenza di iniziative.

Se i nostri giovani si annoiano è anche perché non forniamo loro alternative alla noia. E questo è inaccettabile.

Purtroppo, nell'esperienza clinica, riflettere sulla noia è un passaggio obbligato per gli psicologi, da mettere nel conto quando ci si occupa di tossicodipendenti.

I nostri giovani si annoiano. Mortalmente. Non sanno cosa fare nel loro tempo vuoto. Hanno addirittura poche idee su come poterlo riempire.

Alla domanda dei curanti : "Cosa ti appassionerebbe fare?", il più delle volte la terribile risposta che si incassa è "Non ne ho assolutamente idea". "Ma com'è possibile? Non c'è proprio niente che ti piacerebbe fare?" la risposta è "No".

L'overdose di tecnologia a cui sono stati sottoposti praticamente dalla nascita (è dei nativi digitali che stiamo parlando), hanno spento i loro interessi. A nostro modesto avviso, ciò è dovuto anche al rapporto passivo che si è instaurato nei confronti delle tecnologie, dove troviamo tutto già fatto e dove è sufficiente fruirne.

Non vorremmo essere però fraintesi e scambiati per detrattori delle nuove tecnologie. Guai se così fosse. Il digitale ed Internet sono la più grande conquista degli ultimi 60 anni, a nostro modesto avviso superiore al piede di Neil Armstrong sulla Luna. Ma Internet è uno strumento. Un meraviglioso strumento. Il modo di usarlo fa la differenza. Dipende se è il Computer a gestire noi o se siamo noi a gestire il computer: nel primo caso il nostro è un atteggiamento passivo.

Sarà il caso di fare un esempio, per capirci.

Su Internet troviamo siti che ci insegnano a suonare la chitarra. Precisi, accurati, a tutti i livelli. La teoria si può quindi apprendere molto facilmente. Possiamo studiarla accuratamente, sapere tutto su semitoni, sulle scale pentatoniche, sull'uso della mano destra e della mano sinistra. Quello appena descritto è un atteggiamento passivo: per passare ad un atteggiamento attivo è necessario impegno, passione, dedizione, costanza e tanta fatica: diciamo, tanto per dare un'idea, non meno di tre ore al giorno, tutti i giorni, per qualche annetto. A quel punto sappiamo suonare la chitarra.

La noia è antitetica alle passioni: le passioni ci fanno occupare tutto il nostro tempo libero in esse. Di qualunque genere esse siano.

E sentirsi dire, in psicoterapia: "Non c'è niente che mi appassioni, quindi mi annoio e basta" è un vero pugno nello stomaco. Ma così è.

Ovviamente, le passioni, o se preferite gli *hobbies*, non nascono con noi e vengono acquisite o scoperte crescendo, guardandosi intorno, lasciandosi guidare dalla curiosità, dai nostri piccoli o grandi obiettivi, imitando magari le persone che abbiamo intorno, coetanei o no, che le hanno (se le hanno). Stiamo parlando di apprendimento imitativo, che riguarda sia il mondo animale come il mondo umano. Noi, tutti noi, apprendiamo, per lo più, imitando.

Il più grande Etologo di tutti i tempi, Konrad Lorenz, scienziato del comportamento animale, ce lo ha insegnato con chiarezza disarmante: un giorno, nello spazio verde attorno a casa sua, stavano per schiudersi delle uova di piccole papere. Gli venne in mente, nel momento in cui le uova stavano per rompersi, di prendere mamma papera e rinchiuderla (provvisoriamente) nella sua gabbia. E si sostituì ad essa, accucciandosi a terra: mano a mano che le paperelle uscivano dal proprio guscio, seguivano tranquillamente lo scienziato accovacciato in giro per il giardino, imitandolo nel progredire tra l'erba, tutte in fila una dopo l'altra. Lo avevano scambiato per mamma papera e facevano esattamente gli stessi passi di Lorenz: l'apprendimento e l'imitazione erano iniziati.

Gli esseri umani funzionano allo stesso modo: imitano chi hanno intorno ed apprendono da ciò che vedono fare. Se, da piccoli e da giovani, sono contornati da persone significative dinamiche è un conto. Se vivono assieme ad adulti passivi, senza iniziative, senza passioni, che si annoiano dalla mattina alla sera e talora anche dalla sera alla mattina, è un altro conto: non sanno come riempire il tempo e si annoiano mortalmente.

Talora le droghe occupano questi spazi vuoti infiniti.

Pubblico e Privato

Questa distinzione, specie nel campo delle tossicodipendenze, personalmente l'ho sempre trovata fuorviante e fuori luogo.

Come fuorviante e fuori luogo ho sempre trovato lo stabilire cosa sia meglio dei due interventi, se il pubblico o il privato. Come chiedere ad un bambino se vuole più bene alla mamma o al papà. Un assurdo. Mamma è diversa da papà. E chi ha avuto la fortuna di averli entrambi, non può rispondere a questa assurda domanda.

Purtroppo, però, per lunghi decenni, Pubblico e Privato si sono fatti la guerra: in molti SERT si guardava al Privato con diffidenza, lo si considerava poco preparato scientificamente, talora addirittura ascientifico, magari perché tendeva a formare i propri quadri intermedi e dirigenti solo sulla base delle loro esperienze di vita, in quanto ex tossicodipendenti, a prescindere dai libri che avevano letto o dalle lauree che avevano acquisito.

E, per altrettanti lunghi decenni, il Privato guardava con altrettanta diffidenza il Pubblico, considerandolo composto, gestito e diretto da Personale plurilaureato si, ma oramai demotivato a lavorar bene con i propri pazienti: sta qua dentro l'annosa questione della "Riduzione del Danno" e del Metadone. La riduzione del danno è sempre stata una questione centrale dei SERT. Essa si basava su alcune valide ragioni, la prima delle quali era aiutare le persone a non morire di droghe: perché di droga si moriva e anche molto. Le overdose di eroina erano all'ordine del giorno e dalla morte non c'è ritorno. La seconda ragione è che uscire dagli stupefacenti è una scelta individuale e personale, come peraltro entrarci; in buona sostanza, gli operatori pubblici ritenevano che il proprio compito fosse quello di accompagnare i propri pazienti sinché dentro di loro non maturasse l'idea di smettere. Usar droghe è un comportamento, patologico quanto si vuole, ma pur sempre un comportamento. Ed i comportamenti sono scelte personali ed individuali. Non possono essere indotti, o, peggio, imposti. Sono quindi i pazienti che hanno nelle loro mani la decisione di uscire dalle droghe. Non sono i curanti. I curanti hanno il compito di fare in modo che il periodo d'uso di stupefacenti venga trascorso con minor danno possibile. Tutto qua. E' una questione di accompagnamento; i curanti mettono in campo la loro disponibilità, la loro presenza costante, la loro attenzione alle domande che il paziente pone loro, quando le pone; non prima. E' questo l'unico modo che può avere una qualche efficacia nei disturbi del comportamento. Non esiste la possibilità di "indurre" modifiche nei comportamenti altrui, né con metodi persuasivi e men che meno con metodi coercitivi. Se un bimbo nella fase di svezzamento ha poco appetito, ci sputa in faccia ciò che vorremmo mangiasse, non resta allora altro da fare che prendersi il tempo perché decida di mangiare. E quando gli verrà l'appetito, l'adulto dovrà esserci ed essere pronto a fornirgli il cibo.

L'annosa questione "Metadone" nasce da qui. Cos'è questo nome tanto famoso? È un farmaco che viene usato per curare i pazienti eroinomani nell'attesa che decidano di non usare più eroina. È un oppiaceo di sintesi: viene prodotto in laboratorio (cioè non esiste in natura, come invece esiste l'oppio ed il papavero da oppio), prevalentemente in sciroppo liquido. Viene assunto quotidianamente, in dosi variabili a seconda delle necessità ed impedisce la crisi d'astinenza. Crisi d'astinenza che si instaura quando un eroinomane interrompesse drasticamente ad assumere oppiacei a cui i suo organismo si è abituato. Nessuno è mai morto per una crisi d'astinenza, però è decisamente difficile da superare: vomito, diarrea, dolori muscolari di una certa importanza. Il nostro organismo produce normalmente e naturalmente in tutti noi delle sostanze, chiamate endorfine, che hanno una struttura molecolare simile agli oppiacei: quando assumiamo oppiacei dall'esterno, come l'eroina, la produzione di endorfine cessa e se smettiamo di colpo ad assumerle, insorge la famosa crisi d'astinenza. Che dura circa una settimana, ma è certamente impegnativa. Poi, poco alla volta, tutto torna a posto ed i dolori astinenziali cessano. Il metadone, assunto in dosi scalari corrette, permette all'organismo di tornare progressivamente a produrre le proprie endorfine e così l'affrancamento dalle droghe è semplificato.

Purtroppo, però, quasi mai il Metadone viene usato in modo corretto dai tossicodipendenti, la maggior parte dei quali, anziché sostituirlo agli oppiacei, lo assumono contemporaneamente agli stessi, pur se questi ultimi in dosi minori. L'efficacia del farmaco si riduce, ma comunque sia, una riduzione delle droghe è di per se un risultato non trascurabile, sia per la sua dannosità alla salute, sia per il ridotto rischio d'incappare nelle terribili maglie della giustizia, sia civile che penale.

C'è quindi da attendere pazientemente la nascita della volontà di smettere ad usar droghe. A volte c'è da attendere molti anni. Il farmaco aiuta, ma da solo non è sufficiente. La Riduzione del Danno è questo e null'altro. La demotivazione degli operatori pubblici non c'entra assolutamente nulla. Gli operatori pubblici non soffrono di "delirio di onnipotenza" e quindi sanno l'importanza del loro intervento, ma sanno anche della necessità della scelta volontaria dei loro pazienti. E credono nel Valore della Riduzione del Danno. Aspettano.

Il Privato Sociale, prevalentemente, gestisce Comunità Terapeutiche, fondamentali per chi necessita di processi di ri-genitorizzazione o di genitorizzazione tout court, magari perché non hanno mai incontrato nella loro vita genitori credibili.

Anche il Trattamento Comunitario non è breve. A volte servono molti anni e deve assolutamente esserci, quando serve: il Pubblico non è nelle condizioni di mettere in piedi, gestire ed organizzare tale intervento. Esso viene, quindi, appaltato al privato sociale, tramite accreditamento e convenzionamento.

Ne discende che la collaborazione tra Pubblico e Privato è fondamentale ed è un po' come l'uovo e la gallina: nessuno dei due potrebbe esistere senza l'altro. E stabilire se sia più importante l'uovo o la gallina mi sembra difficile. Che senso ha "non sentirsi una cosa sola"? E' di tutta evidenza che l'uovo non va da nessuna parte senza la gallina e, di solito, le galline che non producono uova vengono messe in pentola e mangiate. Quindi finiscono la loro vita. Allora, val la pena di deporre le reciproche armi e sentirsi una buona volta per tutte utili entrambi, senza gerarchie, senza remore, senza sbarramenti pseudo ideologici.

E' il lavoro di squadra, a pagare, nelle tossicodipendenze: nulla è inutile e tutto serve.

I possibili nuovi approcci

Le probabilità che vengano adottati nuovi approcci alla cura delle tossicodipendenze sono minime: la situazione sembra essersi "cristallizzata" con Protocolli Operativi, sia pubblici che privati, fermi a vent'anni fa.

In un periodo storico, come quello che stiamo vivendo, caratterizzato da mutamenti sociali rapidissimi, star fermi e non aggiornare le risposte terapeutiche ed i Protocolli d'intervento, la dice lunga sull'interesse che la collettività presta al fenomeno delle droghe. Siamo, per così dire, "ingessati" e facciamo le stesse cose da vent'anni, quando la realtà sociale intorno a noi è del tutto cambiata.

Disinteresse, pigrizia scientifica, paura del cambiamento, assuefazione al tema, possono essere alcune cause dell'immobilismo delle risposte; sicuramente il lettore potrà trovarne anche altre, ma dubito che non concordi sul fatto che sono vent'anni che ripetiamo pedissequamente cure ed interventi che, oltretutto, non sembrano avere complessivamente gran efficacia.

Come se ne esce?

Ognuna delle quattro cause elencate nel capoverso precedente ha un antidoto, purché si decida che è arrivato il momento di usarlo.

L'antidoto della prima causa dell'immobilismo, il disinteresse, è all'origine del presente scritto. "Torniamo a parlare di droghe". Svegliamoci dal torpore. Non con l'obiettivo di eliminarle (le droghe ci son sempre state e sempre ci saranno), ma con l'obiettivo di contenerle. Sarebbe già un enorme risultato. Gli psicologi sono abituati ai piccoli risultati e, da quando iniziano a lavorare, invidiano molto, ad esempio, gli idraulici, che hanno percentuali di risultato vicinissime al cento per cento: se un rubinetto perde acqua, l'idraulico effettua l'intervento ed il rubinetto non perde più. E questo, cento volte su cento. Le percentuali di risultato degli psicologi sono spesso bassissime, ma anche l'un per cento è un buon risultato: un giovane che smette di usare droghe, che smette di prendere scorciatoie per affrontare le difficoltà della vita, che usa le sue risorse interiori e non le sostanze (naturali o sintetiche poco conta) che acquista o produce rischiando peraltro la galera perché è proibito, è un enorme risultato. In buona sostanza, l'antidoto al disinteresse è l'interesse: fu Don Milani ad adottare il motto «I care», letteralmente «Mi importa, ho a cuore» (in contrapposizione al «Me ne frego» di derivazione fascista). Questa frase scritta su un cartello all'ingresso della scuola di Barbiana, riassumeva le finalità di *cura* di una scuola orientata a promuovere una forma di sollecitudine per l'altro attenta e rispettosa, sollecitando una presa di coscienza civile e sociale.

"Prendersi cura" (caring) del prossimo presuppone la relazionalità: l'avere attenzione e interesse al mondo degli altri richiede l'abilità di non essere centrati su se stessi (significa rendersi conto di che cosa fa, sente e vuole l'altro) insieme a quella di autoregolare e organizzare i propri comportamenti, e riguarda i sentimenti, la partecipazione alle emozioni altrui (empatia), la compassione. Si deve allo psicologo statunitense Carl Rogers, pioniere nello studio dell'empatia, una delle prime formulazioni della relazione di aiuto "come una situazione in cui uno dei due partecipanti cerca di favorire, in una o ambedue le parti, una valorizzazione delle risorse personali del soggetto ed una maggiore possibilità di espressione".

Il nostro sistema sociale, post-industriale e cibernetico, va nella direzione opposta, ci spinge all'individualismo ed all'egocentrismo, siamo, cioè, centrati su noi stessi. Opporsi significa riacquistare la libertà perduta.

L'antidoto alla seconda causa dell'immobilismo, la pigrizia scientifica, esiste e si chiama sperimentazione: ciò che fanno quotidianamente gli scienziati ricercatori dentro i loro stupendi laboratori, tutti quanti collegati tra di loro 'dalle Alpi alle Piramidi e dal Manzanarre al Reno', attraverso quel capolavoro chiamato Internet, che annulla qualsiasi distanza e tempo di comunicazione. Lavorano tutti insieme ed il piccolo passo di ognuno è utilizzato e condiviso da tutti.

Perché non sperimentare anche nelle cure delle dipendenze patologiche?

La sperimentazione clinica (Clinical Trial) è una ricerca scientifica condotta su pazienti allo scopo di identificare risposte specifiche a nuove terapie/procedure, oppure nuove modalità di utilizzo di terapie già note.

Le sperimentazioni cliniche danno un grande contributo alla conoscenza ed al progresso nella lotta contro molte malattie. Molti dei trattamenti terapeutici odierni più efficaci sono il risultato di lunghi studi di sperimentazione clinica che spesso suggeriscono nuove direzioni per la ricerca futura.

Sono le nostre ideologie ed i nostri preconcetti a zavorrarci ed a non permetterci di sperimentare approcci e cure nuove.

Il problema è che qui da noi non abbiamo ancora deciso se usare droghe è un vizio o una malattia. Purtroppo.

Nei confronti di un vizio abbiamo un atteggiamento moralistico del tipo "Non si deve fare, punto e basta".

Peccato che vizio non è, altrimenti non sarebbe incluso nel famoso Manuale DSM.

È fuor di dubbio che sia una malattia.

"... È forse pleonastico ricordare che l'abuso prolungato di alcool o di eroina, cocaina, nicotina, LSD, anfetamine, barbiturici, cannabis ecc. deve essere considerato una malattia grave e di non facile trattamento. Grazie all'uso di tecnologie scientifiche molto affidabili è stato ben dimostrato che l'uso eccessivo di alcool o di altre sostanze psicoattive porta a modificazioni evidenti della funzione e della morfologia del cervello con meccanismi patogenetici complessi che coinvolgono una alterata espressione di geni deputati al controllo della sopravvivenza, differenziamento, funzione e plasticità sia dei neuroni che delle cellule di supporto presenti nel cervello. Tali modificazioni funzionali e strutturali indotte dall'uso patologico delle sostanze sono alla base del comportamento spesso irrazionale che caratterizza i soggetti affetti da questa situazione patologica.

Anche nelle tossicomanie, come in ogni altra malattia, è opportuno identificare un'eziologia (che può agire su di un substrato ereditario favorevole), una patogenesi, una prognosi ed una terapia. Questo concetto, che ritengo sia ormai ampiamente condiviso, non appariva così ovvio una cinquantina di anni or sono." (*FLAVIO MORONI, Professore Emerito di Farmacologia, Università di Firenze.*)

Smettiamola di parlare di vizio.

La terza causa del nostro immobilismo è la paura del cambiamento.

Siamo abituati a considerare i momenti di crisi come blocchi della nostra esistenza, come fasi di stallo in cui annaspare e soccombere.

Molto spesso infatti i momenti di crisi corrispondono proprio ad una condizione psicofisica di immobilità, di impossibilità ad andare avanti.

Durante la crisi si avverte una massiccia perdita di energia e di motivazione e molto spesso crollano le certezze e le sicurezze che fino a quel momento legittimavano i nostri pensieri e il nostro agire.

Proviamo invece a dare una lettura diversa dei momenti di crisi.

La crisi infatti, contiene un messaggio importante che dobbiamo ascoltare per poterla utilizzare in modo produttivo: è necessario cambiare la propria struttura per poter modificare e migliorare il rapporto con noi stessi e con la realtà.

La crisi implica quindi la necessità di saper cambiare, e "costringe" a trovare un nuovo modo di relazionarsi al proprio mondo interno e all'ambiente esterno. In parole molto semplici, la crisi psicologica impone il raggiungere un nuovo equilibrio psichico, e proprio in virtù di ciò costituisce inevitabilmente, oltre che un momento difficile e delicato, anche un'opportunità.

La parola crisi, dal greco krisis, che a sua volta viene da krino: separo, e in senso lato, discerno, valuto, giudico.

Quindi, da un momento di empasse, da una frattura dell'esistenza, bisogna modificare in modo sostanziale, dopo attenta analisi e valutazione, molti dei fattori che hanno portato al collasso.

Una struttura elastica resiste in modo ottimale alle varie sollecitazioni interne ed esterne, molto più di una struttura rigida che ad ogni minima sollecitazione tende invece a deformarsi e infine a rompersi.

Per ricostruire noi stessi e il nostro sistema di relazioni e la nostra stessa vita, dopo una crisi-frattura, è necessario modificare la propria struttura interna dopo averne messo in luce i punti deboli.

Paul Claude Racamier (1985) ha sottolineato come per poter parlare di crisi psicologica è necessaria la presenza della rottura dell'equilibrio psichico precedentemente raggiunto. La crisi implica quindi la necessità di saper cambiare, e "costringe" a trovare un nuovo modo di relazionarsi con la propria interiorità e con la realtà esterna.

La crisi psicologica impone quindi una ristrutturazione del proprio equilibrio psichico divenuto disfunzionale: rappresenta perciò un momento impegnativo, complicato e delicato ma soprattutto una importante opportunità di crescita e cambiamento.

Un percorso terapeutico può essere sicuramente un imprescindibile punto di partenza.

L'equilibrio psichico di ciascuno poggia su un insieme di valori sottostanti, su un sistema di significati creati dalle relazioni con le figure di riferimento significative nel corso dello sviluppo che nel complesso formano l'identità personale di un individuo.

Da questo punto di vista, una crisi psicologica obbliga quindi a rivedere con sguardo critico e a rifondare, ristrutturare la propria identità.

La crisi ci mette in contatto diretto con i nostri limiti, ci comunica che non possiamo continuare a "muoverci" nella vita senza apportare modifiche a noi stessi o al contesto entro cui ci muoviamo, è un segnale del fatto che occorre ripensarsi e reinventarsi perché stiamo vivendo in modalità ridotta o comunque disfunzionale rispetto al nostro benessere personale e relazionale.

La crisi ha sempre un lungo periodo di gestazione in cui vengono ignorati tutti i segnali di improduttività o malessere fino a quando il collasso impone un cambiamento, ci forza a cercare soluzioni più adattive ad alcune necessità che non possiamo continuare a ignorare, permettendoci spesso di riattribuire il corretto valore alle cose, di riformulare la nostra gerarchia di valori e priorità.

La crisi, insomma, è una necessità da accogliere, anche se nessuno è disposto a mettere facilmente in discussione assiomi su cui ha fondato la propria esistenza fino a quel momento e a vedere aspetti di se stesso rimasti nell'ombra per troppo tempo e quindi fuori dalla consapevolezza personale.

La quarta ed ultima causa dell'immobilismo è l'assuefazione al tema delle dipendenze patologiche.

L'Enciclopedia Treccani descrive così l'assuefazione:

"Fenomeno che si verifica nell'organismo per effetto della somministrazione continua di un farmaco o di una droga per cui viene a diminuire, o addirittura ad annullarsi, la sua efficacia; analogamente, esiste un'assuefazione *alle sostanze alcoliche*, che è una progressiva tolleranza dell'organismo nei confronti dell' alcool; con altra accezione, *assuefazione alla droga, agli stupefacenti* : stato di schiavitù nei confronti della droga, provocato da una prolungata assunzione, che genera uno stato di bisogno imperioso, con dipendenza psichica e spesso anche fisica. "

Potremmo dire che questa ultima causa del nostro immobilismo ha un ché di paradossale: così come i nostri giovani tossici si sono assuefatti alle droghe, anche noi abbiamo fatto altrettanto: ci siamo assuefatti alla presenza delle droghe.

Se non fosse un problema serio, potremmo anche riderci sopra ...

Noi (che abbiamo la presunzione di non essere tossici) vediamo di risolvere il paradosso.

L'antidoto esiste: smettere di dormire e svegliarsi.

Alcuni nuovi approcci nella cura delle dipendenze li abbiamo messi in atto, nel recente passato, e poi puntualmente abbandonati o quasi. Con la banale scusa della carenza di fondi. Uno su tutti: le cosiddette "Unità di Strada". Camper attrezzati con addirittura piccoli laboratori "fai da te" per analizzare in tempo reale le sostanze portate dai giovani stessi per questo scopo, e personale altamente specializzato. Detta "Unità da Strada" risolveva un problema di non poco conto: anziché aspettare che chi usa droghe vada ai Sert delle Asl, erano i Camper che andavano per le strade ad incontrar consumatori di droghe. Un po' come Maometto e la Montagna, per capirci.

Le Unità di Strada cercavano di colmare quel *gap* esistente tra chi usa e chi va ai Sert: non è un *gap* da poco; si pensa che solo un terzo delle persone afferiscano ai Servizi ed andare incontro a quei due terzi sembra quanto mai opportuno.

Come opportuno è piazzare i Camper nei parcheggi delle discoteche, allo scopo di fare informazione, di analizzare le sostanze portate dai ragazzi per dire loro cosa contengono, fornire acqua minerale gratuitamente, contrastando le morti da disidratazione tipiche di chi usa pasticche di Ecstasys.

Molte Unità di Strada erano finanziate tramite Progetti Sperimentali annuali e, nonostante la loro efficacia, sono state spazzate via per carenza di fondi.

Devono essere ripristinate e rese stabili.

Un altro intervento fondamentale era il Centro per l'Adolescenza: un luogo di cura affiancato ai Sert, ma non coincidente. L'abbassamento dell'età di esordio nell'uso di droghe, oramai collocata intorno ai 12 – 13 anni, impone modalità di approccio al problema del tutto differenti. Un pre-adolescente ed un sessantenne entrambi drogati hanno ben poco in comune e non possono condividere spazi, luoghi di cure, metodologie d'intervento, eccetera.

Un Centro per l'Adolescenza va incontro a questa differenziazione.

Il mondo interiore di un pre-adolescente di 12 anni che usa droghe non ha nulla a che vedere con il mondo interiore di un sessantenne. Sono quindi necessari interventi enormemente diversificati e la commistione danneggia gli esiti di cura.

Purtroppo, anche i Centri per l'Adolescenza (come le Unità di Strada) erano finanziati con Progetti specifici che, una volta terminati, non sono stati più rinnovati e, di fatto, sono stati spazzati via.

È bene che l'opinione pubblica sappia come stanno attualmente le cose. È bene che i genitori del ragazzino di 12 anni che viene fermato dai Vigili Urbani sulla scalinata mentre si fuma uno spinello, sarà inesorabilmente segnalato alla Prefettura come consumatore di droghe. E non perché il Vigile è cattivo, ma perché ha un obbligo di legge a segnalarlo: se non lo facesse, incorrerebbe nel reato di omissione di atti d'ufficio, reato, peraltro, di natura penale.

E la Prefettura avrà l'obbligo di convocarlo. Lo convocherà e lo invierà al Sert con l'obbligo di sottoporsi ai controlli urinari per minimo tre mesi, tutte le settimane. Ed il ragazzino farà attese ed urine assieme a pluripregiudicati di sessant'anni eroinomani cronici. Questo, perché non esistono più i Centri per l'Adolescenza.

Nel nostro Paese abbiamo il denaro per acquistare i cacciabombardieri F35, ma non abbiamo il denaro per tenere aperti i Centri per l'Adolescenza. Uno strano Paese.

Infine, ma non ultimo, ripristiniamo (e magari miglioriamo anche) le Borse Lavoro per i tossicodipendenti, i quali, al 95% sono non occupati ed hanno le giornate vuote dalla mattina alla sera, riempite solo dall'approvvigionamento delle droghe.

Magari, in attività socialmente utili, che non mi sembra manchino nel nostro Territorio e nel Paese in generale.

L'occupazione del tempo è un elemento centrale nella vita dei nostri giovani e non occuparcene è una responsabilità micidiale.

Oltretutto, l'utilizzo dei giovani in attività lavorative socialmente utili genera un circuito virtuoso con ricadute positive sulla collettività, non quindi solo sui giovani.

Pensiamo per un attimo a cosa potrebbero fare: manutenzione del sottobosco, per contrastare gli incendi sempre più numerosi; pulizia delle griglie dei pozzetti nelle strade, spesso intasate dalle foglie nei periodi autunnali e pulizia dei torrenti che da monte scendono a mare e che spesso provocano allagamenti ed inondazioni quando scattano le allerta meteo; manutenzione dei giardini e dei parchi pubblici, talora impraticabili per lo stato di abbandono in cui si trovano; piccoli interventi nel settore arredo urbano, che sovente gli operai comunali non riescono a gestire per la cronica carenza di personale, eccetera … . Ci fermiamo qui, ma si potrebbe andare avanti all'infinito. Vale forse infine la pena di ricordare che in tempi di "vacche magre" come questi che stiamo vivendo, il costo economico di una Borsa Lavoro si aggira su di un terzo, rispetto al costo di un operaio comunale ed avrebbe un valore terapeutico indiscutibile: l'ergoterapia, cioè Il lavoro come terapia stimola la psiche verso l'autostima e spesso chi usa droghe di stima per sé ne ha veramente poca. La terapia occupazionale, definita anche ergoterapia, e in inglese *occupational therapy*, è una disciplina **riabilitativa** che utilizza la valutazione e il trattamento per sviluppare, recuperare o mantenere le competenze della vita quotidiana e lavorativa delle persone con **disabilità** cognitive, fisiche, psichiche e comportamentali tramite attività. Si occupa anche dell'individuazione e dell'eliminazione di barriere ambientali per incrementare l'autonomia e l'indipendenza e la partecipazione alle attività quotidiane, lavorative e sociali.

Potrebbe inoltre svolgere la funzione di avviare al lavoro della vita, non più protetto, ma "normale", contrastando la disoccupazione.

Conclusioni

Un'importantissima banalità: i giovani di oggi saranno gli adulti di domani. Non possiamo permetterci un vuoto generazionale, altrimenti la nostra vita avrà avuto poco senso.

Noi, purtroppo, ci stiamo giocando il nostro futuro. E non va bene.

È necessario riprendere la situazione in mano, nei tre momenti che caratterizzano il rapporto con le droghe: l'accesso, l'uso e l'uscita. Riprendere le fila del discorso significa percorrere questi tre momenti, a livello preventivo, curativo, di accompagnamento - reinserimento sociale.

Non si può vincere una battaglia se non la si combatte.

Dobbiamo riportare al centro della nostra attenzione di adulti, più o meno opulenti, la vita dei nostri ragazzi, smettendo di deporre le armi solo perché il problema è diffuso e difficile da affrontare. Ed è del tutto inaccettabile inquadrare la questione come un "costo sociale" ineludibile: innanzitutto nelle droghe si può fare a meno di entrare e non è assolutamente impossibile uscirne.

A patto che si sia disposti a parlarne, a riprendere le parole perdute, a risvegliarci tutti quanto dal torpore intellettuale e di ideali in cui siamo sprofondati.

La battaglia non è persa, va solo rilanciata e ripresa. Con tenacia, tolleranza alle frustrazioni, vicinanza affettiva, disponibilità ad impiegare risorse anche economiche.

Senza speranze non si va da nessuna parte.

Bibliografia minima

MATZA D., *COME SI DIVENTA DEVIANTI*, IL MULINO, BOLOGNA 1969.

AA.VV., *LA DROGA: ASPETTI SOCIOLOGICI E CRIMINOLOGICI*, MINISTERO DI GRAZIA E GIUSTIZIA, ROMA 1971.

BERAUD J., MILLET L., *IL RIFIUTO DEI GIOVANI*, CITTADELLA EDITRICE, ROMA 1972.

CANCRINI L., MALAGOLI TOGLIATTI M., MEUCCI G.P., *DROGA - CHI COME PERCHE' E SOPRATTUTTO CHE FARE*, SANSONI, FIRENZE 1972.

ROSSI R., *TERAPIA DELLA DROGA: ILLUSIONE O REALTA'?*, IL PENSIERO SCIENTIFICO, ROMA 1975.

NOWLIS H., *LA DROGA DEMISTIFICATA*, ARMANDO ARMANDO, ROMA 1975.

DE MAIO D., *LE TOSSICOMANIE GIOVANILI*, IL PENSIERO SCIENTIFICO, ROMA 1976.

GIUS E., PREVITERA G. (a cura di), *LA DIFFUSIONE DELLA DROGA TRA I GIOVANI*, COOPERATIVA LIBRARIA UNIVERSITARIA, TRENTO 1976.

AA.VV., *LA DROGA E I SERVIZI DI PREVENZIONE E DI RECUPERO*, A.A.I., ROMA 1977.

NOWLIS H., *LA DROGA DEMISTIFICATA - PROBLEMI GIURIDICI, MEDICI, EDUCATIVI*, ARMANDO ARMANDO, ROMA 1977.

BARGELLINI A., MACCHIA B., MORELLI I., *LA DROGA QUESTA EPIDEMIA MODERNA*, LIBRERIA EDITRICE FIORENTINA, FIRENZE 1977.

D'ARCANGELO E., *LA DROGA NELLA SCUOLA - INCHIESTA TRA GLI STUDENTI DI ROMA*, EINAUDI, TORINO 1977.

AA.VV., *QUELLI CHE NON CONTANO. MATERIALI DI STUDIO SULL'EMARGINAZIONE*, FONDAZIONE E. ZANCAN, PADOVA 1978.

DE LEO G., *LA CRIMINALITA' E I GIOVANI*, EDITORI RIUNITI, ROMA 1978.

AA.VV., *CONDIZIONE GIOVANILE E DROGA*, PROVINCIA AUTONOMA DI TRENTO, TRENTO 1979.

BUTTURINI E., ANDREOLI V., *GIOVANI DROGA E RAPPORTO EDUCATIVO - ESPERIENZA DI UN CORSO DI FORMAZIONE PER INSEGNANTI*, FIORINI, VERONA 1979.

GIUS E., BORZAGA C., CAVANNA D. E ALTRI, *CONDIZIONE GIOVANILE E DROGA - INDAGINE SUI FENOMENI DI MUTAMENTO SOCIALE E DI CRISI NEL COMPORTAMENTO GIOVANILE*, PRIVINCIA AUTONOMA DI TRENTO, TRENTO 1979.

SPRINI G. (a cura di), *PSICOLOGIA DELLO SVILUPPO - ATTI DEL XVIII CONGRESSO DEGLI PSICOLOGI ITALIANI - SOCIETA' ITALIANA DI PSICOLOGIA*, EDIKRONOS, PALERMO 1981.

BARIN F., MARANGONI G., NERESINI F., TOSETTO F., *LA DROGA: UN PROBLEMA DI TUTTI - UN PRIMO APPROCCIO AD UNA REALTA' CHE CI CHIAMA A RIMETTERE IN DISCUSSIONE LE NOSTRE SCELTE*, CENTRO STUDI COMUNITA' S. STEFANO, VICENZA 1981.

REGOLIOSI L., *ANIMAZIONE E' PREVENZIONE*, PROVINCIA DI BERGAMO, BERGAMO 1982.

OLIVIERI D., *LA DIFFUSIONE DELLA DROGA NELLE SCUOLE SECONDARIE SUPERIORI DI VERONA*, CASSA DI RISPARMIO DI VR, VI E BL, VERONA 1982.

ANDREOLI V., PAROLIN A. (a cura di), *LA TOSSICODIPENDENZA NELLA PROVINCIA DI VERONA: DOCUMENTI PER UNA PROGRAMMAZIONE OPERATIVA*, PROVINCIA DI VERONA, VERONA 1982.

LATTANZI F., *QUANDO SI FINISCE IN CARCERE. APPUNTI DI UN AGENTE DI CUSTODIA*, CITTADELLA EDITRICE, ASSISI 1982.

AA.VV., *LE DROGHE E LA PRIGIONE - ATTI VI SEMINARIO INTERNAZIONALE*, MINISTERO DI GRAZIA E GIUSTIZIA, ROMA 1982.

CAPRARA G.V., DE LUCA G. (a cura di), *ISTITUZIONI E TOSSICODIPENDENZE*, IL PENSIERO SCIENTIFICO, ROMA 1982.

SALVINI A., *SVILUPPO DEVIANTE E PROBLEMI D'INTERVENTO - PERSONALITA' E DISADATTAMENTO NELL'ETA' EVOLUTIVA*, PATRON, BOLOGNA 1982.

BARRA M., *VILLA MARAINI. UNA STORIA DI DROGA*, CRI, ROMA 1982.

CENSIS, *DIFFUSIONE DELLE TOSSICODIPENDENZE. QUANTITA' E QUALITA' DEGLI INTERVENTI PUBBLICI E PRIVATI IN ITALIA*, MINISTERO DELL'INTERNO - D.G.S.C., ROMA 1983.

AA.VV., *STATO E SOCIETA' PER UNA STRATEGIA DI PREVENZIONE DELLE TOSSICODIPENDENZE - ATTI CONVEGNO NAZIONALE*, MINISTERO DELL'INTERNO - D.G.S.C., ROMA 1983.

AA.VV., *ISTITUZIONI PUBBLICHE E VOLONTARIATO NELLA LOTTA ALLE TOSSICODIPENDENZE. ATTI SEMINARIO DI ROMA, LUGLIO 1982*, MINISTERO DELL'INTERNO - D.G.S.C., ROMA 1983.

CONSIGLIO SANITARIO NAZIONALE, *RELAZIONE SULLO STATO SANITARIO DEL PAESE - 1980*, CONSIGLIO SANITARIO NAZIONALE, ROMA 1983.

AA.VV., *INDAGINE SU 371 TOSSICODIPENDENTI DETENUTI TRATTATI NELLA CASA CIRCONDARIALE DI REGINA COELI (ROMA)*, MINISTERO DI GRAZIA E GIUSTIZIA, ROMA 1983.

CIOTTI L., VACCARO G., *GENITORI, FIGLI & DROGA*, GRUPPO ABELE, TORINO 1983.

ARONICA E., DE MICHELI M., FONTANARI E., *COMUNITA' PER TOSSICODIPENDENTI*, PROVINCIA DI MILANO - ASS.TO SERVIZI SOC, MILANO 1983.

AA.VV., *DROGA: OPERATORI, ORIENTAMENTI*, FONDAZIONE E. ZANCAN, PADOVA 1984.

AA.VV., *LA FUNZIONE DELLA FAMIGLIA NELLA RIABILITAZIONE DEL TOSSICODIPENDENTE. ATTI SEMINARIO DI PISTOIA, MAGGIO 1983*, REGIONE TOSCANA - GIUNTA REGIONALE, FIRENZE 1984.

AA.VV., *QUATTRO MURA DI UMANITA' - CONVEGNO NAZIONALE SUL RUOLO DELLE COMUNITA' ALLOGGIO - TORINO 27-29 SETTEMBRE 1984 - VOL. I*, REG.PIEMONTE-PROV.DI TORINO-COMUNE DI TO, TORINO 1984.

MIN. DELL'INTERNO D.G.S.C., CENSIS (a cura di), *DIFFUSIONE DELLE TOSSICODIPENDENZE - QUANTITA' E QUALITA' DEGLI INTERVENTI PUBBLICI E PRIVATI IN ITALIA*, MINISTERO DELL'INTERNO - D.G.S.C., ROMA 1984.

AA.VV., *COMUNICAZIONE E DROGA - VENEZIA 5-7 LUGLIO 1984*, PRESIDENZA DEL CONSIGLIO DEI MINISTRI, ROMA 1984.

CHIARI G., BUZZI C., PERI P., *L'INTEGRAZIONE DIFFICILE. IDENTITA' E VALORI FRA INTEGRAZIONE E CONFLITTO IN UN CAMPIONE DI ADOLESCENTI DI ORZINUOVI (BS) - I VOLUME*, PROVINCIA DI BRESCIA, BRESCIA 1985.

CHIARI G., BUZZI C., PERI P., *L'INTEGRAZIONE DIFFICILE. IDENTITA' E VALORI FRA INTEGRAZIONE E CONFLITTO IN UN CAMPIONE DI ADOLESCENTI DI ORZINUOVI - II VOLUME -*, PROVINCIA DI BRESCIA, BRESCIA 1985.

FONDAZIONE CORAZZIN, *LA SOCIETA' VENETA. RAPPORTO SULLA SITUAZIONE SOCIALE DELLA REGIONE 1984/85*, LIVIANA EDITRICE, PADOVA 1985.

AA.VV., *LA PRIGIONE IN ITALIA: STORIA, SVILUPPO, PROSPETTIVE*, MINISTERO DI GRAZIA E GIUSTIZIA, ROMA 1985.

COSTANTINI D., FRANCESE E., LO GIUDICE E., MAZZONI S., *ROMA CONTRO LA DROGA - ESPERIENZE DEI SERVIZI NEL CAMPO DELLA RISOCIALIZZAZIONE*, OFFICINA EDIZIONI, ROMA 1985.

AA.VV., *DROGA, SOCIETA' E COMUNITA' CRISTIANA*, CARITAS ITALIANA, ROMA 1986.

AA.VV., *STRATEGIA DI LOTTA AL DISAGIO, ALLA DROGA E ALL'INDIFFERENZA. ATTI CONVEGNO NAZIONALE DI ROMA, NOVEMBRE 1985*, GRUPPO ABELE, TORINO 1986.

LABOS, *CULTURA DEGLI OPERATORI E QUALITA' DEI BISOGNI DEGLI UTENTI*, EDIZIONI T.E.R., ROMA 1986.

AA.VV., *COMUNICAZIONI E DROGA - ATTI CONVEGNO, LUGLIO 1984*, PRESIDENZA DEL CONSIGLIO DEI MINISTRI, ROMA 1986.

AA.VV., *TOSSICODIPENDENZE: ESPERIENZE OPERATIVE E ORGANIZZAZIONE DEGLI INTERVENTI NELLE U.S.L.*, REGIONE EMILIA-ROMAGNA, BOLOGNA 1986.

TARTAROTTI L., *DROGA E PREVENZIONE PRIMARIA. PROSPETTIVE E STRATEGIA DELL'INTERVENTO PREVENTIVO SCOLASTICO*, GIUFFRE', MILANO 1986.

BRUNI A. (a cura di), *IL CARCERE, IL TOSSICOMANE, LA COMUNITA' TERAPEUTICA*, CENTRO STUDI CROCE BIANCA, S. SEVERINO MARCHE 1986.

AA.VV., *TRA STRADA E CARCERE: UN SENSO OBBLIGATO?*, COOPERATIVA INSIEME, VICENZA 1986.

ALASIA F., *CON LA DROGA PER CASA*, GRUPPO ABELE, TORINO 1986.

CRISPI M., SALEMI M., SANFILIPPO M., TOCCO G., VELLA L., *LA LEGGE 64/84 E IL DIPARTIMENTO DI SALUTE MENTALE: ESPERIENZE DI LAVORO DI UN ANNO CON LE PROBLEMATICHE DELLE TOSSICODIPENDENZE*, USL 61 - PALERMO, PALERMO 1987.

LABOS, *DROGA: RAPPORTO SULLA FORMAZIONE DEGLI OPERATORI*, EDIZIONI T.E.R., ROMA 1987.

ALATI G.L., FAVARO S., ZOTTI G.C. (a cura di), *SPECIALE AIDS*, ORDINE DEI MEDICI CHIRURGHI PROVINCIA, PADOVA 1987.

LABOS, *LA FATICA DEL LAVORO SOCIALE*, EDIZIONI T.E.R., ROMA 1987.

AA.VV., *EDUCARE E PREVENIRE*, FRANCO ANGELI /COMUNE DI MODENA, MILANO 1987.

BECKER H.S., *OUTSIDERS. SAGGI DI SOCIOLOGIA DELLA DEVIANZA*, GRUPPO ABELE, TORINO 1987.

PAROLIN A., SERPELLONI G., MARTIN G. (a cura di), *INFEZIONE DA HIV E AIDS - METODI E MATERIALI PER L'EDUCAZIONE SANITARIA NEI TOSSICODIPENDENTI*, JOB EDIZIONI SCIENTIFICHE, VERONA 1987.

BARALDI C., *COMUNICAZIONE DI GRUPPO. UNA RICERCA SUI GRUPPI GIOVANILI*, FRANCO ANGELI, MILANO 1988.

AA.VV., *DISAGIO GIOVANILE. PERCORSI DI APPROFONDIMENTO PER LE POLITICHE SOCIALI DELLE AUTONOMIE LOCALI*, COMUNE DI AOSTA, AOSTA 1988.

FERRARIO P., *POLITICA DEI SERVIZI SOCIALI. MANUALE DI FORMAZIONE: ISTITUZIONI E AREE DI INTERVENTO*, LA NUOVA ITALIA SCIENTIFICA, ROMA 1988.

DE SIMONI S., SCARINCI A., ZERBETTO R. (a cura di), *VERSO QUALE PREVENZIONE? CONTRIBUTI TEORICI ED OPERATIVI NEL CAMPO DELLE TOSSICODIPENDENZE*, BONACCI EDITORE, ROMA 1988.

AA.VV., *TOSSICODIPENDENZE, SOCIETA' E MONDO DEL LAVORO*, CISL, ROMA 1988.

LABOS, *LA RAPPRESENTAZIONE GIORNALISTICA DEL TEMA DROGA*, EDIZIONI T.E.R., ROMA 1988.

AA.VV., *COMUNICAZIONE E DROGA. RAPPORTO EUROPEO SUI SERVIZI PER LE TOSSICODIPENDENZE*, PRESIDENZA DEL CONSIGLIO DEI MINISTRI, ROMA 1988.

SANTUCCI E., *NAPOLI: I PIEDI SULLA CITTA', LAVORO NERO, CARCERE, PROSTITUZIONE E DROGA*, EDITRICE LA PAROLA, ROMA 1988.

LOVATI A. (a cura di), *CARCERE E TERRITORIO. I NUOVI RAPPORTI PROMOSSI DALLA L. GOZZINI ED ANALISI TRATTAMENTO TOSSICODIPENDENTI SOTTOPOSTI A CONTROLLO PENALE*, FRANCO ANGELI - FONDAZIONE E. ZANCAN, MILANO 1988.

AA.VV., *PROCESSI DI FORMAZIONE DELLA DIPENDENZA*, FRANCO ANGELI - COMUNE DI MODENA, MILANO 1988.

DE SIMONI S., SCARINCI A., ZERBETTO R. (a cura di), *VERSO QUALE PREVENZIONE?*, BONACCI, ROMA 1988.

CAFFO E. (a cura di), *IL RISCHIO FAMILIARE E LA TUTELA DEL BAMBINO*, GUERINI E ASSOCIATI, MILANO 1988.

BOBBA L., NICOLI D. (a cura di), *L'INCERTA TRAIETTORIA - RAPPORTO SUI GIOVANI 1987*, FRANCO ANGELI, MILANO 1988.

MARSICANO S. (a cura di), *COMUNICAZIONE E DISAGIO SOCIALE*, FRANCO ANGELI, MILANO 1988.

ROCA R. J., *DROGODEPENDENCIAS Y SU TRATAMIENTO EN SIETE PAISES EUROPEOS*, INTRESS, BARCELONA (SPAGNA) 1989.

AA.VV., *DOSSIER DROGA*, AGENZIA DEI SERVIZI INTERPARLAMENTARI, ROMA 1989.

AA.VV., *I SERVIZI PER LA TOSSICODIPENDENZA IN ITALIA*, EDIZIONI T.E.R., ROMA 1989.

ARONICA E., LORE' G., *TOSSICODIPENDENTI FRA TRIBUNALE E SERVIZI - I RISULTATI DI UNA RICERCA*, UNICOPLI, MILANO 1989.

VANNI F. (a cura di), *PSICOLOGIA DEI GRUPPI NELL'ETA' EVOLUTIVA*, UNICOPLI, MILANO 1989.

CUOMO F., DI BISCEGLIA G., SAMPAOLESI G., *DROGA UN NEMICO CHE SI PUO' VINCERE - UN'INCHIESTA DELL'"AVANTI"*, AESSE LIBRI - ARGOMENTI SOCIALISTI, ROMA 1989.

AA.VV., *TOSSICODIPENDENZE: CONTRIBUTI TEORICI E METODOLOGICI PER L'ATTIVITA' DEGLI PSICOLOGI NEI SERVIZI DEL VENETO*, CISES SRL, PADOVA 1990.

AA.VV., *SCELTA DI VITA, SCELTA DI MORTE. CONVEGNO EUROPEO SULLA PREVENZIONE PRIMARIA DEI COMPORTAMENTI AUTODISTRUTTIVI DEI GIOVANI*, REGIONE VENETO - GIUNTA REGIONALE, VENEZIA 1990.

DI CARA M., GERVASONI A., STEINER M.A., *RIFORMA PENITENZIARIA E INTERVENTO SOCIALE*, LA NUOVA ITALIA SCIENTIFICA, ROMA 1990.

AMIDEI P., BENETTI G.L., BERTINI R. (a cura di), *DISAGIO GIOVANILE E PREVENZIONE DELLE TOSSICODIPENDENZE*, USL VOLTERRA, VOLTERRA 1990.

CROCIANI G., *DOSSIER DROGA: PREVENIRE E' MEGLIO*, PROVINCIA DI FERRARA, FERRARA 1990.

ARNAO G., *PROIBITO CAPIRE*, GRUPPO ABELE, TORINO 1990.

NOVENTA A., NAVA R., OLIVA F., *SELF-HELP*, GRUPPO ABELE, TORINO 1990.

GARAVELLI M., CASELLI G., *DROGA: IN NOME DELLA LEGGE*, GRUPPO ABELE, TORINO 1990.

GILLI G.M., CAIRO M.T., *FAMIGLIA E TOSSICODIPENDENZA: IL DIBATTITO E LE RICERCHE*, VITA E PENSIERO, MILANO 1990.

PICCHI DON M., *VINCERE LA DROGA*, PIEMME, CASALE MONF. (AL) 1990.

GARAVAGLIA M., *RIFORMA PLURALE O CONTRORIFORMA - LA SANITA' ITALIANA NEGLI ANNI '90*, FRANCO ANGELI, MILANO 1990.

TAVAZZA, MANGANOZZI, PIONATI, SARDO, DE MARTIS, *DIT DIZIONARIO TEMATICO DELLE LEGGI - GUIDA AL VOLONTARIATO ITALIANO*, S.E.I., TORINO 1990.

PIETROPOLLI CHARMET G., *L'ADOLESCENTE NELLA SOCIETA' SENZA PADRI*, UNICOPLI, MILANO 1990.

PETTER G., *PROBLEMI PSICOLOGICI DELLA PREADOLESCENZA E DELL'ADOLESCENZA*, LA NUOVA ITALIA, FIRENZE 1990.

DE LEO G., *LA DEVIANZA MINORILE - METODI TRADIZIONALI E NUOVI MODELLI DI TRATTAMENTO*, LA NUOVA ITALIA SCIENTIFICA, ROMA 1990.

SERPELLONI G. (a cura di), *TOSSICODIPENDENZE ED INFEZIONE DA HIV*, USSL 25, VERONA 1990.

DAL CENGIO D., *TOSSICODIPENDENZA E PROCESSO TERAPEUTICO*, NUOVO PROGETTO, VICENZA 1991.

SANNITI L., *SOTTO LA SUPERFICIE DELLE COMPAGNIE*, U.S.L. 23, IMOLA 1991.

BOSCHETTI E., *CARISSIMO DON...*, ED. CdG, PAVIA 1991.

TRAMMA S. (a cura di), *IL PROCESSO DI AIUTO DOMICILIARE*, UNICOPLI, MILANO 1991.

CARITAS, CIF, CISM E ALTRI, *CHIESA ED EMARGINAZIONE IN ITALIA - RAPPORTO N. 2*, ELLE DI CI, LEUMANN (TO) 1991.

FREDIANI B., *METODOLOGIA E PROGRAMMI DI INTERVENTO PER IL TRATTAMENTO DELLE TOSSICODIPENDENZE*, MINISTERO DELLA SANITA', ROMA 1991.

ZECCHINATO G. (a cura di), *L'INTERVENTO DI RETE NELLA DIPENDENZA DA SOSTANZE. APPUNTI PER UNA LETTURA RELAZIONALE DEL DISAGIO*, ULSS 23, CONSELVE (PD) 1991.

PALMONARI A. (a cura di), *GUIDA ALLE COMUNITA' DI CONVIVENZA E CRESCITA DELLA PERSONA*, PATRON, BOLOGNA 1991.

CORSALE M., RUSSO D. (a cura di), *ISTITUZIONI E SOLIDARIETA' NELLA PREVENZIONE DELLA TOSSICODIPENDENZA*, EDIZIONI SCIENTIFICHE ITALIANE, NAPOLI 1991.

CAMPEDELLI M., *DROGA LE PAROLE E I FATTI. TENDENZE DELL'ATTIVITA' AMMINISTRATIVA DEL GOVERNO*, GRUPPO ABELE, TORINO 1991.

NERESINI F., RANCI C., *DISAGIO GIOVANILE E POLITICHE SOCIALI*, LA NUOVA ITALIA SCIENTIFICA, ROMA 1992.

CONSIGLIO SANITARIO NAZIONALE (a cura di), *RELAZIONE SULLO STATO SANITARIO DEL PAESE - 1989 (VOLUME I E II)*, ISTITUTO POLIGRAFICO E ZECCA DELLO STATO, ROMA 1992.

REGOLIOSI L., *LA PREVENZIONE POSSIBILE*, GUERINI, MILANO 1992.

SCABINI E., DONATI P. (a cura di), *FAMIGLIE IN DIFFICOLTA' TRA RISCHIO E RISORSE*, VITA E PENSIERO, MILANO 1992.

CAPANI A., FASOLO F., *FAMIGLIE SMAGLIATE. METODOLOGIE CLINICHE PER LA COLLABORAZIONE CON LE FAMIGLIE DEI MALATI MENTALI*, LA GARANGOLA, PADOVA 1992.

REGOLIOSI L. (a cura di), *UN APPROCCIO FORMATIVO ALLA PREVENZIONE*, FRANCO ANGELI, MILANO 1992.

LABOS, CNEL (a cura di), *REGIONI E POLITICHE SOCIO-ASSISTENZIALI. 4o RAPPORTO*, EDIZIONI T.E.R., ROMA 1992.

CIOTTI L., *CHI HA PAURA DELLE MELE MARCE?*, S.E.I. - GRUPPO ABELE, TORINO 1992.

DE CARLO, FAVA VIZIELLO, NIERO, PIGATTO, ZORZI (a cura di), *TOSSICODIPENDENZE: CONTRIBUTI TEORICI E METODOLOGICI PER L'ATTIVITA' DEGLI PSICOLOGI NEI SERVIZI DEL VENETO - VOLUME II*, SI' - RIV. STUDI SOCIALI DEL VENETO N.15, PADOVA 1993.

LABOS - MINISTERO DELL'INTERNO DGSC, *STRATEGIE OPERATIVE NEI SERVIZI PER LE TOSSICODIPENDENZE*, EDIZIONI T.E.R., ROMA 1993.

PALMONARI A. (a cura di), *PSICOLOGIA DELL'ADOLESCENZA*, IL MULINO, BOLOGNA 1993.

SERPELLONI G., MORGANTE S. (a cura di), *HIV - AIDS COUNSELLING E SCREENING - MANUALE TEORICO - PRATICO*, LEONARD EDIZIONI SCIENTIFICHE, VERONA 1993.

GRUPPO "SOCCORSO GIURIDICO", *IL FILO DELLA LEGGE - PER NON PERDERSI NEL LABIRINTO DELLA GIUSTIZIA*, COOPERATIVA INSIEME, VICENZA 1993.

RANIOLO G., CACCIOLA S., *DALL'ESPERIENZA AL PROGETTO. MATERIALI DELL'EQUIPE DEL CENTRO DI ACCOGLIENZA E ORIENTAMENTO PER LE TOSSICODIPENDENZE*, USL 35, CATANIA 1993.

CLERICI M., *TOSSICODIPENDENZA E PSICOPATOLOGIA. IMPLICAZIONI DIAGNOSTICHE E VALUTAZIONE DEGLI INTERVENTI TERAPEUTICI*, FRANCO ANGELI, MILANO 1993.

CANALI G. E ALTRI, a cura di, *CONTRO LE DROGHE. CULTURA E STRATEGIE PREVENTIVE CONTRO LA DIFFUSIONE DELLE*

144

SOSTANZE STUPEFACENTI 1980-1992 - RASSEGNA BIBLIOGRAFICA, SENDES, PERUGIA 1993.

DONATI P.P. (a cura di), *TERZO RAPPORTO SULLA FAMIGLIA IN ITALIA*, EDIZIONI SAN PAOLO, CINISELLO BALSAMO MI 1993.

BARALDI C., RAVENNA M., *FRA DIPENDENZA E RIFIUTO. UNA RICERCA SU PERCORSI E IMMAGINI DELLA DROGA TRA I GIOVANI*, FRANCO ANGELI, MILANO 1994.

BERETTA R., GAZZANEO G., *PRETI DI STRADA. LE FRONTIERE DELL'EMARGINAZIONE E DELLA SPERANZA RACCONTATE DAI PIU' NOTI SACERDOTI "ANTI-DROGA"*, S.E.I., TORINO 1995.

TRASATTI S. (a cura di), *C.N.C.A. YEAR-BOOK 1995*, C.N.C.A., CAPODARCO DI F. (AP) 1995.

BERRUTI S., PONTA A. (a cura di), *IL LAVORO DI STRADA. PREVENZIONE DEL DISAGIO, DELLE DIPENDENZE, DELL'AIDS*, GRUPPO ABELE, TORINO 1995.

PETRELLI S. (a cura di), *QUESTIONI EMERGENTI*, IMPARARES, CAPODARCO DI FERMO 1996.

ZANI B., PALMONARI A. (a cura di), *MANUALE DI PSICOLOGIA DI COMUNITA'*, IL MULINO, BOLOGNA 1996.

MINISTERO DELL'INTERNO, *LA PREVENZIONE DEL DISAGIO E DELLE DIPENDENZE CON GLI ADOLESCENTI. PREMESSE CULTURALI E TEORICHE ED ESITI DELLA SPERIMENTAZIONE NAZIONALE*, MINISTERO DELL'INTERNO DGSC, ROMA 1996.

MINISTERO DELL'INTERNO, *LA COSTRUZIONE DI UN PROGETTO ADOLESCENTI. SAPERI E PENSIERI... PER FARE*, MINISTERO DELL'INTERNO DGSC, ROMA 1996.

MINISTERO DELL'INTERNO, *SPERIMENTAZIONE NAZIONALE COORDINATA DI PROGETTI ADOLESCENTI CON FINALITA' PREVENTIVA - MONOGRAFIE VOL. I*, MINISTERO DELL'INTERNO DGSC, ROMA 1996.

MINISTERO DELL'INTERNO, *SPERIMENTAZIONE NAZIONALE COORDINATA DI PROGETTI ADOLESCENTI CON FINALITA' PREVENTIVA - MONOGRAFIE VOL. II*, MINISTERO DELL'INTERNO DGSC, ROMA 1996.

ANASTASI G. E ALTRI, *I GRUPPI DI AUTOAIUTO. UN PERCORSO DENTRO LE DIPENDENZE E LA SIEROPOSITIVITA'*, GRUPPO ABELE, TORINO 1996.

CARITAS ITALIANA E FONDAZIONE E. ZANCAN, *I BISOGNI DIMENTICATI. RAPPORTO 1996 SU EMARGINAZIONE ED ESCLUSIONE SOCIALE*, FELTRINELLI, MILANO 1997.

ZINI M.T. MIODINI S., *IL COLLOQUIO DI AIUTO*, LA NUOVA ITALIA SCIENTIFICA, ROMA 1997.

GRUPPO ABELE, *ANNUARIO SOCIALE 1997. CRONOLOGIA DEI FATTI, DATI, RICERCHE, STATISTICHE, LEGGI, NOMI, CIFRE, SITI INTERNET*, GRUPPO ABELE, TORINO 1997.

BIMBO A., *EMANCIPARSI DALLE DIPENDENZE. STRATEGIE D'INTERVENTO PER OPERATORI ED EDUCATORI*, FRANCO ANGELI, MILANO 1997.

BERNARDI E. E ALTRI, *NON DI SOLA COCA. ANELLI FORTI E ANELLI DEBOLI NELLA CATENA DEL NARCOTRAFFICO*, EMI, BOLOGNA 1997.

OSSERVATORIO PERMANENTE SUI GIOVANI E L'ALCOOL, *DALLA PREVENZIONE LOCALE AGLI ORIENTAMENTI COMUNITARI. L'ALCOOL FRA CULTURA MEDICA E CULTURA SOCIALE*, EDIZIONI LOGICA, ROMA 1997.

POLLO M., *I GIOVANI E LA NOTTE*, MILELLA, LECCE 1997.

CARITAS ITALIANA, *RAGAZZI AL MARGINE. EMERGENZE E AREE A RISCHIO NELLA DEVIANZA MINORILE*, ELLE DI CI, TORINO 1998.

LO RUSSO A., PETRILLI M.E., *LAVORANDO CON MELTZER. ADOLESCENTI IN TERAPIA - ANORESSIA - VIOLENZA - TOSSICODIPENDENZA*, ARMANDO EDITORE, ROMA 1998.

UGOLINI P., GIANNOTTI F.C. (a cura di), *VALUTAZIONE E PREVENZIONE DELLE TOSSICODIPENDENZE - TEORIA, METODIE E STRUMENTI VALUTATIVI*, FRANCO ANGELI, MILANO 1998.

ALEDDA A., *DE COUBERTIN ADDIO! - CORRUZIONE, AFFARI, DROGA, FRODE E CRIMINALITA' NELLO SPORT DALL'ANTICHITA' AI NOSTRI GIORNI*, SOCIETA' STAMPA SPORTIVA, ROMA 1998.

GIANNELLI G., AGOSTINI L., STELLA M., *DIPENDENZE E CULTURE GIOVANILI. TEORIE, METODOLOGIE, STRUMENTI ED ESPERIENZE DI PREVENZIONE E DI RIDUZIONE DEL DANNO*, IL PONTE VECCHIO, CESENA 1999.

CACCIAVILLANI I., *UN ANNO A NORD-EST (SOGNO DI AUTONOMIA O AUTONOMIA DI UN SOGNO?)*, VIMET, VICENZA 2000.

D'ANGELLA F., FLORIS F. (a cura di), *L'INTEGRAZIONE SOCIO-LAVORATIVA. DAL PROGETTO INDIVIDUALE ALL'ORGANIZZAZIONE CHE CURA*, GRUPPO ABELE, TORINO 2000.

COMUNE DI MILANO, *I SERVIZI SOCIALI A MILANO. RAPPORTO ANNUALE 1999*, FRANCO ANGELI, MILANO 2000.

ISBN 978-0-244-73921-8

EmmeEmmePo
Edizioni

www.ingramcontent.com/pod-product-compliance
Lightning Source LLC
Chambersburg PA
CBHW060520290526
45791CB00001B/472